चैतन्य महाप्रभु

चैतन्य महाप्रभु

रचना भोला 'यामिनी'

प्रभात प्रकाशन

प्रकाशक
प्रभात प्रकाशन प्रा. लि.
4/19 आसफ अली रोड, नई दिल्ली–110002
फोन : 011–23289777 • हेल्पलाइन नं. : 7827007777
इ–मेल : prabhatbooks@gmail.com ❖ वेब ठिकाना : www.prabhatbooks.com

संस्करण
2025

पेपरबैक मूल्य
तीन सौ पचास रुपए

मुद्रक
नरुला प्रिंटर्स, दिल्ली

CHAITANYA MAHAPRABHU
by Rachna Bhola 'Yamini'

Published by **PRABHAT PRAKASHAN PVT. LTD.**
4/19 Asaf Ali Road, New Delhi-110002

ISBN 978-93-5186-485-1

₹ 350.00 (PB)

अपनी बात

न धनं न जनं न सुन्दरीं कवितां वा जगदीश कामये।
मम जन्मनि जन्मनीश्वरे भवनाद्भक्तिरहैतुकी त्वयि॥

—श्री चैतन्य

अर्थात् हे जगदीश! मैं धन, जन, कविता अथवा सुंदरी, कुछ भी नहीं चाहता। हे ईश्वर! जन्म-जन्मांतरों में आपके प्रति मेरी अहैतुकी भक्ति हो।

यह अहैतुकी भक्ति, यह निष्काम कर्म, यह निरपेक्ष कर्तव्य-निष्ठा का आदर्श धर्म के इतिहास में एक नया अध्याय है। मानव इतिहास में पहली बार भारतभूमि पर सर्वश्रेष्ठ अवतार श्रीकृष्ण के मुख से पहले-पहल यह तत्त्व निकला था। भय व प्रलोभनों के धर्म सदा के लिए विदा हो गए व मनुष्य के हृदय में नरक-मय व स्वर्ग-सुख लोभ के प्रलोभन होते हुए भी, प्रेम के निमित्त प्रेम, कर्तव्य के निमित्त कर्तव्य, कर्म के निमित्त कर्म, जैसे सर्वोत्तम आदर्शों का अभ्युदय हुआ।

—स्वामी विवेकानंद

भारत की महान् आध्यात्मिक विभूति श्री चैतन्य महाप्रभु ने नवद्वीप से कृष्णप्रेम की ऐसी रसधार बहाई, जो पूरे भारत में फैल गई। भक्तों के बीच 'विभाई प्रभु' के नाम से पूजनीय चैतन्य महाप्रभु ने लाखों कष्ट सहकर भी भारत के विभिन्न भागों की यात्राएँ करते हुए भगवद्भक्ति का

प्रचार किया व समाज द्वारा ठुकराए गए दीन-हीन जन व नीची जाति को गले लगाया। उन्होंने अनेक ऐसे संप्रदायों को सही राह दिखाई, जो धर्मविमुख होकर जनाचार के अनुष्ठानों में लिप्त थे।

चैतन्य महाप्रभु के जीवनचरित्र को ऐतिहासिक दृष्टि से देखें तो पता चलता है कि जहाँ उनका जन्म हुआ, वह स्थान विद्या-बुद्धि के प्रसार का केंद्र तो था ही, साथ ही सुख-समृद्धि का भी अभाव नहीं था, किंतु धर्म के सच्चे स्वरूप को न जानने के कारण लोगों का मानसिक बल क्षीण होता जा रहा था। निम्नस्तरीय व्यक्तियों को तो ईश्वर व उसके स्वरूप के विषय में भी जानने का अधिकार नहीं था। उच्च वर्ण के लोग उन्हें हेय दृष्टि से देखते।

तत्कालीन परिस्थितियों में मुसलमान शासक होने के कारण राजधर्म के प्रति लोगों का आकर्षक भी स्वाभाविक ही था। अनेक व्यक्ति स्वेच्छा से मुसलमान धर्म में दीक्षित होने लगे। कइयों का बलपूर्वक धर्म-परिवर्तन किया गया। हिंदू धर्म के ऐसे पतन व घोर संकटकाल में ही श्री चैतन्य महाप्रभु ने नवद्वीप में जन्म लिया।

उन्होंने न केवल हिंदू धर्म को जटिल आडंबरों व कठिन कर्मकांडों से मुक्ति दिलाई, अपितु शासक वर्ग के भय के साए में जी रहे जनमानस को भी मुक्त किया। उन्होंने सदियों से सोए हुए जनमानस को जाग्रत् कर, उसमें नवचैतन्य संचारित किया।

निमाई, गौरांग, गौरछी व श्रीकृष्ण चैतन्य भारती, नाना नामों व रूपों के धनी चैतन्य महाप्रभु ने सोलहवीं शताब्दी के प्रारंभ में कीर्तन-संगीत को जनप्रिय बनाया। आज भी वे अनेक चित्रों में, इसी रूप में दरशाए जाते हैं।

भजन-कीर्तन करती कीर्तन मंडली के हाथों में मृदंग, झाँझ व करताल आदि वाद्ययंत्र तथा दोनों हाथ सिर से ऊपर उठाकर भावावेश में मस्त होकर नृत्य करते महाप्रभु!

वैष्णव भक्त तो उन्हें सशरीर कृष्ण ही मानते आए हैं। महाप्रभु ने कहा था—

अतएव माली आज्ञा दिल सबाकारे।
जाँहा ताँहा प्रेमफल देह जारे तारे॥
भारत भूमिते हैल मनुष्य जन्म चार।
जन्म सार्थक करि, कर पर-उपकार॥

—चैतन्य चरितामृत

श्री चैतन्य महाप्रभु-रूपी माली ने सबको भक्ति-रूपी प्रेमफल यत्र-तत्र-सर्वत्र विनीत करने के लिए आज्ञा दी। उन्होंने कहा कि भारतभूमि में जिसने मनुष्यों ने जन्म लिया है, वे स्वयं शुद्ध भक्ति का आचरण कर अपने जीवन को सार्थक बनाएँ व दूसरों में भी शुद्ध भक्ति धर्म का प्रचार कर परोपकार करें।

प्रस्तुत जीवनी में तथ्यों के साथ कल्पना का समावेश कर तत्कालीन जीवन-परिवेश की झाँकी प्रस्तुत की गई है, जो कि महाप्रभु के दिव्य स्वरूप, जीवन-शैली व आदर्शों को दरशाती है।

इसके साथ ही उनकी पत्नी विष्णुप्रिया के जीवन का वृत्तांत भी चलता है, जो गृहस्थ जीवन का पालन करने के साथ-साथ अपने संन्यासी पति की सच्चे अर्थों में सहधर्मिनी बनी रहीं।

महाप्रभु के देह-लीला सँवरण करने के बाद भी वे कई वर्षों तक जीवित रहीं व वैष्णव भक्तों के बीच 'माँ' के रूप में जानी गईं। महाप्रभु की अर्धांगिनी विष्णुप्रिया का चरित्र वास्तव में एक आदर्श भारतीय हिंदू नारी को चित्रित करता है।

पुस्तक कहाँ तक अपने उद्देश्य में सफल रही, पाठकगण इससे चैतन्यदेव के आदर्श जीवन की झाँकी व प्रेरणा पा सके या नहीं, यह सब उस नियंता के हाथ!

महाप्रभु के कीर्तन के शब्दों के साथ ही आपसे विदा लेती हूँ—

हरये नमः कृष्ण यादवये नमः
गोपाल गोविन्दराय श्री मधुसूदन···

—रचना भोला 'यामिनी'

प्रेमा नामाद्रभुतार्थः श्रवणपथगतः कस्य नाम्नां महिम्नः
को वेत्ता कस्य वृन्दावनविपिन–महामाधुरीषु प्रवेशः।
को वा जानाति राधां परमरस चमत्कार माधुर्यसीमा—
मेकश्चैतन्यचन्द्रः परमकरुणया सर्वमाविश्यकार॥

हे भ्रातः! प्रेम नामक परम पुरुषार्थ का नाम किसने श्रवण किया था? श्रीहरिनाम की महिमा कौन जानता था? श्रीवृंदावन की परम चमत्कारमयी माधुरी में किसका प्रवेश था? परमाश्चर्यं माधुर्यरस की पराकाष्ठा श्रीमती राधिकारूपी पराशक्ति को ही भला कौन जानता था? एकमात्र परम करुणामय श्रीचैतन्यचंद्र ने ही जीवों के प्रति कृपापूर्वक इन सब तत्त्वों का आविष्कार किया है।

—श्री चैतन्य चंद्रामृत

आत्मसाक्षात्कार का सरलतम उपाय हरे कृष्ण महामंत्र की कीर्ति ही है।

—महाप्रभु चैतन्य

अनुक्रम

जन्म

उपेंद्र मिश्र नामक वैदिक ब्राह्मण ढाका-दक्षिण ग्राम में रहते थे। उनके तीसरे पुत्र जगन्नाथ ने न्यायशास्त्र की शिक्षा पाने के लिए नवद्वीप जाने का निश्चय किया। वहाँ वे गुरु सार्वभौम की पाठशाला में शिक्षा पाने लगे। नवद्वीप में शीघ्र ही लोग उन्हें जानने लगे।

विवाह योग्य आयु हुई तो अनेक योग्य कन्याओं के पिता उस ओर आकर्षित हुए। ऐसे ही एक दिन नीलांवर चक्रवर्ती अपनी पुत्री शची देवी का रिश्ता लेकर गुरुजी के पास आए। जगन्नाथ व शची देवी की जन्मकुंडलियाँ मिलाई गईं तो पाया गया कि उनके छत्तीस गुण आपस में मिलते थे।

जगन्नाथ के माता-पिता ने भी इस संबंध में हामी भर दी और फिर दोनों परिणय सूत्र में बँध गए। नवद्वीप में ही नए जोड़े ने गृहस्थ जीवन का शुभारंभ किया।

शची व जगन्नाथ का वैवाहिक जीवन सुखमय था किंतु विधाता ने जाने क्या सोचा, उनके यहाँ आठ कन्याओं ने जन्म लिया, किंतु वे सभी असमय ही काल कवलित हो गईं। उनके पश्चात् एक पुत्र का जन्म हुआ। उसका नाम विश्वरूप रखा गया। शची माँ ने बड़ी मिन्नतों से पुत्र पाया था। वे उसकी विशेष सेवा-जतन करतीं। बालक था भी विलक्षण प्रतिभा का धनी।

कई वर्ष यूँ ही बीत गए। जगन्नाथ पत्नी व पुत्र सहित पिता के घर गए। वहाँ उनकी माँ को रात में स्वप्न आया, 'तुम्हारे घर पौत्र बनकर आ रहा हूँ किंतु यह मेरी जन्मभूमि नहीं होगी, अतः पुत्रबहू से कहो कि वे नवद्वीप लौट जाएँ।'

जगन्नाथजी ने सपने को सुना तो आश्चर्य में पड़ गए। माँ के आग्रह पर वे नवद्वीप लौटे व कुछ ही दिन में पता चला कि पत्नी गर्भवती हो गई थी।

उनकी माँ का सपना कोई संयोग था या दैवी घटना, जो भी हो; गर्भवती माँ का गर्भकाल समीप आता गया। नौ माह भी पूरे हो गए किंतु प्रसव वेदना आरंभ नहीं होती थी। प्रसव में विलंब होता देख शची ने अपने पिता से चिंता प्रकट की। उन्होंने कहा, 'अवश्य ही कोई महापुरुष पधारनेवाले हैं।'

अंततः फागुन माह में पूर्ण चंद्रग्रहण की रात को शची देवी की कोख से पुत्र ने जन्म पाया।

बालक का नाम 'विश्वंभर' रखा गया। उस दिव्य कांति के बालक को देखते ही सबके मन में वात्सल्य भाव उमड़ आता। जगन्नाथजी के तो मन में ही यह बात बैठ गई थी कि वह पुत्र अवश्य ही कोई दिव्य पुरुष है। कहते हैं कि जच्चा घर के पास ही नीम का एक पेड़ था, बस माँ बालक को 'निमाई' नाम से पुकारने लगीं।

निमाई सबका ही लाड़ला था। बड़ा भाई विश्वरूप भी प्रायः गंभीर अध्ययन भुलाकर गोद के भाई को खिलाने बैठ जाता। कहना न होगा कि दो पुत्रों को पाने के बाद शची देवी को अपनी गृहस्थी परिपूर्ण लगने लगी।

□

बाल्यकाल

संध्या होने को थी, गृहस्थी का सारा काम-काज यों ही बिखरा पड़ा था और शची माँ नन्हे निमाई को गोद में लिये टहल रही थीं। अब बालक का रोना बंद हो तो माँ कोई काम करे। यदि बच्चा किसी हठ पर हो तो उसकी बात मानकर दुलारा जा सकता है, किंतु जब वह अकारण रोता चला जाए तो क्या करें।

माँ तो स्वयं ही रोने-रोने को हो आईं। पूरा परिवार जब भोजन के लिए विराजेगा तो वे क्या कहेंगी कि निमाई रोता रहा, इसलिए भोजन नहीं पका सकी।

फिर अचानक उन्हें क्या सूझी कि वे हरि-कीर्तन गाने लगीं। संस्कारशीला माँ के मुख से और निकल भी क्या सकता था। दो बोल निकलते ही मन का उद्वेग शांत हो गया और ऊपर से आश्चर्य यह कि निमाई चुप हो गया। वह लगातार माँ के मुख को देखने लगा। ऐसा लगता था मानो हरि-कीर्तन के एक-एक शब्द को अपने शरीर के एक-एक रोएँ से सुन लेना चाहता हो। शची माँ भाव-विभोर होकर गाती रहीं। माँ-पुत्र एक नए ही आनंदरस में सराबोर हो गए। अब तो निमाई के रोने-धोने से बचने का सबसे बेहतर उपाय हाथ आ गया था। जो बालक दूध, लाई व खिलौनों खेलों से न बहलता था, वह हरि-कीर्तन सुनते ही सारा हठ व रोना-चिल्लाना भूल जाता।

निमाई के जीवन में घटते ऐसे प्रसंग भले ही सबको सुखकर दिखते थे पर माँ के हृदय के किसी अज्ञात कोने में चिंता का वटवृक्ष पनपने लगा था। कभी वे अचानक सोते हुए बालक के पालने के पास जातीं तो ऐसा लगता कि वहाँ कोई दिव्य पुंज प्रकाशमान हो।

बालक घुटनों के बल चलने लगा। बस शची माँ की तो शामत ही आ गई। पहले जो शैतान गोदी में सँभाला जा सकता था, अब उसके पीछे-पीछे भागना पड़ता। निमाई खूब हठ करता। यदि बात न मानी जाती तो उपद्रव मचा देता। कभी मंदिर में घुस जाता व प्रभु की पुष्पमाला अपने गले में डाल लेता तो कभी उनके सामने रखा भोग ही उठाकर खा जाता।

एक दिन एक संन्यासी ने घर में डेरा डाला। माँ ने आग्रह के साथ भोजन परोस दिया। संन्यासी ने तृप्त भाव से सारी खाद्य सामग्री देखी। फिर अपने प्रभु को भोग अर्पित करने लगे। ज्यों ही उन्होंने नेत्र मूँदे, नन्हे निमाई ने भोग खाना आरंभ कर दिया। साधु ने आँखें खोलकर यह कौतुक देखा तो हँस दिए। शची माँ को काटो तो खून नहीं। झपटकर बालक को उठाया व दूसरे कमरे में ले गईं।

साधु महाराज से क्षमा माँगी व पुनः भोजन परोसा। इस बार भी वही लीला रची गई। जाने कहाँ से निमाई महाशय आ पहुँचे व भोग लगाकर साधु से बोले,

"आँखें खोलकर देखो, खा तो रहा हूँ।"

साधु महाराज को बालक की लीला में रस आ रहा था, परंतु शची माँ लज्जा से गड़ी जा रही थीं। इस बार तो बालक को कमरे में ही बंद कर दिया। भोजन भी समाप्त हो चला था। साधु को द्वार से भूखा कैसे जाने देतीं। उन्होंने फिर से भोजन बनाने का आयोजन किया तो साधु बोले, "देवी! हमें सीधा दे दो। हम स्वयं भोग पका लेंगे।"

साधु ने कच्ची खाद्य सामग्री से बड़े ही जतन से भोजन बनाया व प्रभु को भोग लगाने बैठे। शची माँ ने चैन की साँस ली और घर के दूसरे

काम-काज में लगीं। कुछ देर बाद आईं तो क्या देखा कि इस बार फिर से निमाई महाशय वहीं उपस्थित थे और वही खेल रचा जा रहा था। इस बार तो माँ ने दो धौल जमाने की सोच ही ली किंतु साधु ने उन्हें बालक को छूने भी न दिया।

पहले उन्होंने बड़े ही स्नेह से निमाई को गोद में बिठाकर खिलाया और फिर वही भोजन बड़े ही आदर से स्वयं ग्रहण किया। परम तृप्त होकर संन्यासी गृहस्थ को अनेक आशीर्वाद देते हुए लौट गए। हाँ, जाते-जाते नन्हे निमाई के चरणों में भी लोट लगा गए थे, पता नहीं बालक में ऐसा क्या देख लिया था।

क्रीड़ाप्रिय, चंचल, हठी व मनमोहक निमाई सबकी आँखों का तारा था, पर कभी-कभी तो ऐसा हठ पकड़ लेता था कि माँ बेबस हो जातीं। मिश्रजी के घर के समीप ही हिरण-गोवर्धन व जगदीश नामक दो ब्राह्मण रहते थे। उन्होंने एकादशी व्रत में अपने गृहदेवता के लिए भोग तैयार करवाया। निमाई ने यह सब देख लिया और घर आते ही हल्ला मचा दिया कि उसे तो ठाकुर का नैवेद्य ही खाना है। एक ब्राह्मण बालक ऐसी बात कहे तो माँ का क्रोध स्वाभाविक ही है। पहले तो उसे दुलारा गया। नहीं माना तो माता-पिता ने आँखें दिखाईं। शोर सुनकर पड़ोसी भी आ गए। सबने नाना प्रकार से समझाना चाहा, पर उसके हठ के आगे किसकी चलती।

पिता ने वही सारी सामग्री बाजार से मँगवाकर सामने रख दी, पर निमाई ने तो उस ओर ताका तक नहीं। एक ही रट 'मुझे तो ठाकुर का नैवेद्य चाहिए।'

जब पड़ोसी भी तंग आ गए तो किसी ने उन पंडितों तक यह समाचार पहुँचा ही दिया। माता-पिता उन्हें द्वार पर आया देख सकुचा गए। क्योंकि उनके पुत्र की जिद वहाँ तक पहुँच गई थी। भला क्या कहेंगे लोग।

जगदीश पंडित ने उनसे तो कुछ न कहा, परंतु बालक के आगे वही नैवेद्य दोनों में सजा दिया। कई घंटों से बेहाल बालक क्षण भर में शांत हो गया और मुसकराते हुए भोग लगाने लगा। यह दृश्य देख क्रोधित माता-पिता सहित सभी उपस्थित जन भी हँसे बिना नहीं रह पाए।

निमाई के नटखट स्वभाव के चलते रोज कोई-न-कोई परेशानी खड़ी हो जाती। मिश्र दंपती शुद्ध आचार-विचार वाले थे, परंतु निमाई ने तो उनका नियम भंग करने की ठान रखी थी। जब भी माँ कोई बात न मानतीं तो निमाई महाशय बड़े ठसके से किसी कूड़े के ढेर पर जा बैठते या किसी अपवित्र वस्तु को छूने के बाद माँ को धमकाया जाता कि यदि उन्हें अमुक वस्तु न दी तो माँ को स्पर्श कर लेंगे।

इस बात पर काफी ले-दे मचती। एक दिन तो अति ही हो गई। घर में माँ से किसी बात पर रूठे बालक ने बाहर जाकर कुत्ते का एक पिल्ला देखा। बस पिल्ले पर मन आ गया। अब तो खेत, बगीचा, कूड़े का ढेर, नाली—निमाई पीछे-पीछे व पिल्ला आगे-आगे।

पिल्ले को पकड़ने की जो धुन सवार हुई तो निमाई महाशय ने किसी की एक न सुनी। ब्राह्मणों का टोला था। सभी दुत्कारने लगे, 'छिह! छोड़ उसे। हाथ मत लगाना! घर मत ले जाना!''

पर निमाई क्योंकर किसी की सुनता। बड़े ही आनंद से धूल में लोट रहे कुत्ते के पिल्ले को उठाया व घर की राह ली। इतने में किसी साथी ने चुगली लगा दी कि निमाई पिल्ला लिये चला आ रहा है।

निमाई घर में घुसने लगा तो पहले शची माँ जोर से चिल्लाईं और फिर अचानक सँभल गईं। पहले भी कई बार ऐसा हुआ था कि बालक पर डाँट-फटकार की बजाय दुलार का ज्यादा प्रभाव हुआ था। उन्होंने बड़ी ही विनती-चिरौती की। तब कहीं जाकर निमाई का पिल्ला-प्रेम दूर हुआ और उसे नहला-धुलाकर शुद्ध करने के बाद घर में लिया गया। □

नृत्योन्माद

'हरि बोल··· हरि बोल' चारों ओर मधुर संकीर्तन का स्वर और ताल देती स्त्रियों के बीच मनोहारी नृत्य करता निमाई। बाल्यकाल से ही हरि संकीर्तन की धुन को मंत्रमुग्ध भाव से सुनते निमाई को अब एक अनूठा ही शौक लगा था।

यों तो प्राय: सभी बालक ताली की ताल पर हाथ-पाँव हिलाते हैं, कमर मटकाते हैं, पर यहाँ तो दृश्य ही निराला था। खाली समय पाते ही जब घरों की बहू-बेटियाँ भक्ति संगीत आरंभ करतीं, निमाई भी वहीं पहुँच जाता और ऐसा मग्न होकर नृत्य करता कि उसे अपनी सुध तक न रहती।

धीरे-धीरे पूरे मुहल्ले की स्त्रियों के लिए यह मन बहलाव का साधन हो गया। वे उसे खाने-पीने की वस्तुओं का लोभ देकर बुला लेतीं और हरि संकीर्तन गाने लगतीं। नन्हा बालक बावलों की तरह नाचता और घंटों नाचता ही चला जाता। यदि उसे टोका जाता और नृत्य करने से रोका जाता तो उसे और भी धुन चढ़ जाती।

ऐसा नृत्य दूसरों के लिए भले ही कौतूहल का विषय रहा हो, पर शची माँ के लिए पीड़ा का विषय था। वे करें तो क्या करें। यह नृत्य तो उसके रोने से भी अधिक भयंकर है। इस नृत्योन्माद का कोई उपाय ही नहीं सूझता था। एक बार तो निमाई नाचते-नाचते बेसुध होकर भूमि पर गिर पड़ा।

इन सब उत्पातों के चलने एक दिन निमाई के खोने का समाचार फैल गया। चारों ओर खोजबीन होने लगी। शची माँ के तो आँसू न थमें। एक दिन पहले माँ ने उसे धमकाया जो था, उसे याद कर-करके कलेजा मुँह को आने लगा। हाय! फूल से कोमल पुत्र को ताड़ना क्यों दी। फिर मन के किसी दूसरे कोने ने सांत्वना दी कि माँ ने पुत्र की ताड़ना की भी तो इसमें दोष कैसा?

माँ तो सदा पुत्र का भला ही चाहती है। उसे सीधी राह पर चलाने के लिए डाँटना-फटकारना भी तो माँ का कर्तव्यपालन ही है। इसी ऊहापोह के बीच गाँव की गलियों में भटकती शची माँ अकुला गईं, पर बालक का कहीं पता नहीं चला।

इधर मिश्रजी भी कम व्याकुल नहीं थे। वे पुत्र को कठोर अनुशासन में रखने के लिए डपट तो देते थे, पर भीतर-ही-भीतर अपने स्नेह धन पर सैकड़ों बार वारे भी जाते थे। निमाई को जाने कहाँ-कहाँ खोजा जा चुका था, पर उसका कोई पता न चला।

माँ के मन में चिंताओं का ज्वार थमता ही न था। बुरे समय में मन में बुरे विचार ही आते हैं। कहीं किसी पोखर में डूब न गया हो। कहीं किसी पेड़ से गिर न पड़ा हो! कहीं किसी सर्प ने न डस लिया हो! कहीं राह भूलकर दूसरे गाँव न निकल गया हो। कहीं अचेत न पड़ा हो… !

इन सब आशंकाओं के बीच एक और संभावना भी काफी प्रबल थी। जिस पर किसी का ध्यान ही नहीं गया था। नटखट निमाई के अंगों पर सजे आभूषणों के लोभ में दो चोर उसे उठाकर भाग गए थे। उनका विचार था कि बालक के आभूषण उतारकर उसे किसी अज्ञात स्थान पर छोड़ देंगे, किंतु उनका चाहा पूरा कहाँ हो पाया।

श्रीगौर चोरों की दी मिठाई मजे से खाते हुए कंधे की सवारी कर रहा था। चोर उसे अपने घर ले जाने की तैयारी में थे। विष्णु की माया से मोहित होकर चोर निमाई को मिश्रजी के घर की ओर ही ले चले। उन्हें

ऐसा ही लगता रहा कि वे बालक का अपहरण कर उसे अपने घर ले जा रहे हैं।

जब उन्होंने जगन्नाथ मिश्र के घर पहुँचकर बालक को कंधे से उतारा तो सुध वापस आई और वे किसी दूसरे का घर देखकर चौंक गए। बालक तो चिल्लाता हुआ भीतर चला गया—"मेरा घर आ गया"मेरा घर आ गया!"

सभी आनंदित हो उठे। शची माँ तो गोद में उठाकर पुत्र का मुख चूमती जातीं। सबने चैन की साँस ली और परस्पर चर्चा होने लगी कि बालक को वापस लाया कौन? उधर किंकर्तव्यविमूढ़ चोरों ने उस घर को बालक का ही घर जाना तो नौ-दो ग्यारह हो लिये। बहुत दूर जाकर परस्पर सांत्वना देने लगे कि माँ चंडी ने उनकी प्राणरक्षा की है। यदि वे घरवालों के हत्थे चढ़ जाते तो जाने क्या दशा होती।

इधर घर के लोग उस व्यक्ति को पगड़ी देकर सम्मानित करना चाह रहे थे, जो उनके स्नेह-धन को खोज लाया था और इधर चोर इस रहस्य को सुलझाने में असफल रहे कि वे बालक को चुराकर अपने घर ले जाने की बजाय उसी के घर पर कैसे पहुँच गए?

शची माँ ने किसी तरह मुहल्ले की स्त्रियों को मना ही लिया कि वे उनके लाड़ले को लेकर नृत्य की लीला न किया करें। बालक को वश में करना कठिन हो जाता है। कुछ दिन यह उपद्रव शांत रहा। ऐसा कोई समाचार या दृश्य देखने में नहीं आया।

परंतु यह सुख शची माँ के भाग्य में नहीं था। एक दिन नदी से कलसी भरकर लौट रही थीं कि एक दृश्य देखकर स्तब्ध रह गईं। निमाई ने संगी-साथियों का घेरा बना रखा था। वह उनके बीच खड़ा होकर 'हरिबोल''हरिबोल' कहते हुए नृत्य कर रहा था। संगी-साथी भी पुलकित भाव से उसका अनुसरण कर रहे थे।

समवयस्कों के साथ नृत्य का यह खेल खेलते निमाई को शची माँ

कैसे रोकतीं, कब तक रोकतीं। बालक तो किसी एक जगह पर टिकते नहीं थे, वे उनके पीछे कब तक भागतीं। उन्होंने मुहल्ले-टोले की स्त्रियों को भी मना लिया था, परंतु निमाई क्या उनका कहना माननेवाला था!

निमाई पाँच वर्ष के हुए तो एक शुभ दिन देखकर उन्हें विद्यारंभ करवाया गया। उन दिनों प्राथमिक पाठशाला के शिक्षक 'ओझा' कहलाते थे।

निमाई को सुदर्शन ओझा की पाठशाला में भेजा गया। अक्षरज्ञान पाने के तुरंत बाद ही मेधावी निमाई ने पढ़ना-लिखना सीख लिया। बड़े भैया विश्वरूप भी समय पाते ही अनुज निमाई को पढ़ाते। कुल मिलाकर पूरा परिवार निश्चिंत था कि नटखट निमाई का ध्यान विद्याध्ययन में लगा रहने से उसकी शरारतें कम हो जाएँगी किंतु उनकी यह इच्छा परिपूर्ण नहीं हुई। निमाई अल्प समय में ही गृहकार्य पूरा करके फिर से उत्पात मचाने लगता।

□

भाई का गृहत्याग

धीर-गंभीर विश्वरूप का अपने अनुज पर विशेष स्नेह था। वह निमाई से आयु में लगभग दस वर्ष बड़ा था। अध्ययन में प्रवीण विश्वरूप माता-पिता की नेत्र-ज्योति के समान था। असमय काल-कवलित हो चुकी आठ पुत्रियों के बाद इस पुत्र का जन्म हुआ था। माता-पिता विशेष सेवा-जतन करते, परंतु विश्वरूप तो इन सब बातों से निर्लिप्त था। गंभीर व अंतर्मुखी युवक अपने में ही मग्न रहता। एकांतप्रिय विश्वरूप को अपने ममेरे भाई लोकनाथ के अतिरिक्त किसी दूसरे का साथ नहीं सुहाता था। दोनों ही घाट पर बैठे जाने क्या चर्चा किया करते।

घर से तो उसका नाता केवल दो समय के भोजन का ही रह गया था। अन्यमनस्क विश्वरूप को तो यह भी भान न रहता कि थाली में क्या परोसा गया है और वह क्या खा रहा है। घर में यदि रहता भी तो ग्रंथों में डूबा रहता।

नवद्वीप में उन दिनों कमलाक्ष मिश्र नामक वैष्णव ब्राह्मण रहते थे। वे श्रीमद्भागवत व गीता पर असाधारण अधिकार रखते थे। विश्वरूप भी प्राय: उनके यहाँ जाता। अद्वैताचार्य कमलाक्ष को विश्वरूप बहुत भाता था। वह प्राय: उन्हीं के यहाँ अधिकतर समय बिताने लगा।

जब कभी विश्वरूप पूरा-पूरा दिन भोजन करने न जाता तो निमाई को ही संदेशवाहक बनाकर अद्वैताचार्य के यहाँ भेजा जाता, ताकि वह

भाई को बुला लाए। उस सलोने बालक को देखते ही मिश्रजी की टकटकी बँध जाती। वे अपने ऊपर वश न रख पाते।

इधर निमाई का उत्पात बढ़ता ही जाता था। एक दिन शची माँ ने उसे बहुत फटकार लगाई व बड़े पुत्र को भोजन परोसने बैठी। विश्वरूप ने भोजन के उपरांत, कमरे से एक ग्रंथ लाकर माँ के सामने रख दिया।

"माँ! जब निमाई बड़ा हो जाए तो उसे यह पढ़ने को अवश्य देना!'

"कौन जाने! यह ग्रंथ को पढ़ने योग्य विद्वत्ता पाएगा भी या नहीं!' माँ ने उपालंभ दिया।

विश्वरूप बोला, "माँ! देखना, मेरा अनुज एक दिन जगद्गुरु होगा।"

विश्वरूप ने तो मिश्रजी के घर की राह ली, पर शची माँ की चिंताओं के ताने-बाने में एक और धागा आ जुड़ा। भला विश्वरूप ने उन्हें निमाई को पुस्तक देने को क्यों कहा। क्या वह स्वयं नहीं देगा? क्या वह कहीं चला जाएगा?

उसी रात शची माँ ने पति के सम्मुख वैराग्य की ओर बढ़ते विश्वरूप के स्वभाव की चर्चा छेड़ी। जगन्नाथ मिश्र बोले, "भाग्यवान! यदि इसके फेरे पड़वा दिए जाएँ तो कैसा रहेगा। संभवतः इसका मन गृहस्थ जीवन की ओर आकृष्ट हो जाए।"

इधर पिता अपने पुत्र के लिए सुयोग्य वधु तलाश रहे थे और पुत्र के मन-प्राण सांसारिक बंधनों से मुक्त होने के लिए अकुलाए हुए थे। विश्वरूप संन्यास लेना चाहता था। पिता ने एक दिन कहा, "तुम्हारे लिए योग्य कन्या देखी है। वेलपोखर में मामा के घर के निकट ही काशीनाथ पंडित रहते हैं। उन्हीं की पुत्री है अरुंधती! चाहो तो तुम भी देख लो।"

विश्वरूप ने मुख से एक भी शब्द न कहा और पिता ने मौन को ही

स्वीकृति मान लिया। माता-पिता पुत्र के विवाह के लिए मन-ही-मन आयोजन रचने लगे और विश्वरूप ने गृह-त्याग की योजना बना ली। एक रात कड़ाके की सर्दी थी। पूरा परिवार गहरी नींद में था। विश्वरूप ने माता-पिता के चरण छुए। अनुज को स्नेह से दुलारा और फिर गृहत्यागी हो गया। इस यात्रा में लोकनाथ उसका साथी बना।

सुबह चारों ओर खोज होने लगी। वेलपोखर में विश्वरूप का ननिहाल था। पहले वहीं समाचार दिया गया। गंगास्नान जानेवालों से पूछा गया। निमाई अद्वैताचार्यजी के यहाँ भेजा गया, पर उनके पास भी उसके दादा की कोई खबर नहीं थी। मुहल्ले के लोग घर में एकत्र हो गए। शची माँ की आँखों का पानी ही सूख गया। वह घर के कोने में गुमसुम जड़वत् बैठी थीं। टोले की स्त्रियों ने यह भी पता कर लिया था कि लोकनाथ भी घर पर नहीं है। सबने समवेत स्वर में निष्कर्ष निकाला कि हो-न-हो, दोनों ही युवक संन्यासी हो गए।

जिस माँ का पाला-पोसा पुत्र एक रात अकस्मात् गृहत्यागी हो जाए, उसके शोक व पीड़ा का अनुमान भी नहीं लगाया जा सकता, किंतु विश्वरूप के पिता ने जो निर्णय लिया, वह वास्तव में एक ऐसा व्यक्ति ही ले सकता था, जो निमाई का पिता कहलाने की पात्रता रखता था।

टोलेवालों ने गंगापार जाने व युवकों को तलाशने का प्रस्ताव रखा था तो पंडितजी बोले, ''नहीं भाई! दोनों युवक स्वयं सोच-विचार कर गृहत्यागी हुए हैं। यदि वे यति धर्म स्वीकारना ही चाहते हैं तो हम उन्हें सांसारिक पथ पर खींचनेवाले कौन होते हैं। ईश्वर उनका अभीष्ट पूर्ण करें। वे यति धर्म अंगीकार कर धर्म का पालन करें।''

नवद्वीपवासी पुत्र के विरह से दुखी पिता के मुख से ऐसे वचन सुनकर आश्चर्य में पड़ गए। भीतर बैठी माँ ने भी पति के ये उद्गार सुने और पल्ले बाँध लिये।

उस घटना को अनेक वर्ष बीतते चले गए, पर उन्होंने कभी पुत्र के

विरह की पीड़ा को प्रकट नहीं किया। जब भी विश्वरूप व लोकनाथ की याद सताती तो वे मन-ही-मन हाथ जोड़कर प्रभु से प्रार्थना कर लेतीं—'हे प्रभु! हमारे बालक अपने अभीष्ट साधन में सफल हों। उनकी रक्षा करना। अब वे आपकी शरण में हैं।'

नन्हे निमाई ने भाई का गृहत्याग व माता-पिता की अकथनीय पीड़ा अपनी आँखों से देखी थी। शची माँ व जगन्नाथ मिश्र तो घर में बहू लाने के सपने पाल रहे थे और कहाँ वह दिन देखना पड़ा।

संध्या होते-होते भीड़ छँटने लगी। किसी भी घटना की तीव्रता ही लोगों को आकर्षित करती है। जब विश्वरूप को गए कुछ घंटे बीत गए तो जिज्ञासा, कौतूहल व सहानुभूतिवश द्वार पर जुट आई भीड़ ने घर की राह ली। अब किसी को पोखर से जल भरना था तो कोई स्नान के लिए जाना चाहती थी। किसी को बैलों को चारा-पानी देना था तो किसी को चूल्हे पर जलती सब्जी का ध्यान हो आया था। कहने का तात्पर्य यह कि घर में शची, मिश्रजी व निमाई ही रह गए। एकाध स्नेही महिला उनके लिए भोजन का प्रबंध करने चलीं। यद्यपि शोकसंतप्त परिवार के मुख में अन्न कहाँ जाता, पर उसे तो पड़ोसी धर्म का निर्वाह करना ही था।

घर-आँगन खाली होते ही शची माँ बाहर आईं। विश्वरूप के कमरे में रखे ग्रंथों को छाती से लगाया व बुक्का फाड़कर रो पड़ीं। विधाता ने उस दुखी संतप्त स्त्री के लिए यह कैसा विधान रचा था। क्या संतान का सुख उसके भाग्य में था ही नहीं। नदिया में कितने युवक थे। उनके ही पुत्र ने वीतरागी होने का निर्णय क्यों लिया। पुत्र के प्रति सारे उपालंभों व तानों को वे आँसुओं में धो देना चाहती थीं, ताकि फिर कभी उस ओर ध्यान ही न जाए।

निमाई भी इतना तो जान ही गया था कि दादा कभी घर नहीं लौटेंगे। पहले तो धूल में लोटकर रोता रहा और फिर अचानक माँ के गले लगकर सयानों की तरह बोला, ''माँ-बाबा! आप लोग धीरज रखें।

दादा चले गए तो क्या हुआ? मैं आप लोगों की सेवा करूँगा।''

शची माँ ने पुत्र को गले से लगा लिया। वे तो पीड़ा को मन में दबाए गृहस्थी सँभालने के लिए उठ खड़ी हुईं, किंतु जगन्नाथ मिश्र ने इस घटना के बाद मन-ही-मन एक कठोर निर्णय ले लिया।

□

निमाई की शरारतें

मिश्रजी के मन में भारी उथल-पुथल मची हुई थी। विश्वरूप के गृहत्याग के बाद से पिता के मन में डर बैठ गया था कि यदि दूसरे पुत्र को भी लिखाया-पढ़ाया गया तो वह भी कहीं संन्यासी न बन जाए।

इस घटना को कुछ दिन बीत गए। तब से निमाई के स्वभाव में भी काफी गंभीरता आ गई थी। दिन-रात पुस्तकों से दूर भागनेवाले निमाई को पढ़ने में रस आने लगा था।

एक दिन वह पंडितजी से कक्षा में पाठ ले रहा था कि अद्वैताचार्यजी लाठी टेकते आ पहुँचे। वे तो निमाई की भोली सूरत के दीवाने थे। जब कई दिन तक निमाई को देखने का अवसर न मिला तो वे स्वयं ही आ गए। शची माँ ने यथायोग्य आसन दिया।

आचार्य ने पूछा, "निमाई! क्या पढ़ रहा है, पुत्र?"

माँ के संकेत से निमाई ने अपना पाठ सुनाना आरंभ किया। आचार्य उस धाराप्रवाह, स्पष्ट व शुद्ध उच्चारण को सुन हतप्रभ हो उठे। जो बालक गलियों की धूल में लोटता फिरता हो, क्या वह भाषा पर इतना असाधारण अधिकार रख सकता है!

"शाबाश पुत्र! शाबाश!"

फिर वे मिश्रजी से बोले, "पंडितजी! पुत्र तो असाधारण योग्यता का स्वामी है। यह एक अलौकिक चरित्र है। इसकी प्रतिभा को विनष्ट

न होने देना। इसकी पूर्ण शिक्षा-दीक्षा का प्रबंध करना।''

मिश्रजी ने उस समय तो हामी भर ली, किंतु अब भी द्वंद्व जारी था। उन्होंने तो निमाई को अशिक्षित रखने का निर्णय ले लिया था। पुत्र-वियोग की कल्पना ही उनके प्राण लेने के लिए पर्याप्त थी।

अगली सुबह निमाई स्नान के बाद पोथी खोलकर बैठा तो मिश्रजी बोले, ''बस! आज से यह पोथी पढ़ना बंद!''

''बाबा!'' निमाई स्तब्ध था।

''जो कहा है, वैसा ही कर!''

बालक में इतना साहस नहीं था कि पिता की बात के विरुद्ध जाता, किंतु उसका म्लान मुख माँ का कलेजा बींध गया।

निमाई ने किसी तरह दो-तीन दिन तो सहन किया, परंतु अब एक नया ही चलन निकाल लिया। उसने दुगने वेग से उत्पात मचाने की ठान ली। अरे भई, खाली दिमाग शैतान का घर!

कभी लड़कों के साथ मिलकर किसी के बाग से कच्चे-पके केले उतार लाता तो कभी किसी की रसोई में दही-भाजन की हँड़िया उलट आता, किसी की खूँटे से बँधी गाय खोल देता और गाय पूरे गाँव में डोलती फिरती, किसी के घर के दरवाजे बाहर से बंद कर देता तो किसी की बगिया में लगे फल-फूल ही साफ कर देता। गंगाघाट पर तो उसकी चंचल क्रीड़ा के मारे लोगों की नाक में दम आ गया। ब्राह्मणों की पूजा के समय व्यवधान उत्पन्न करता, वे आँखें बंद करते तो आगे से भोग का थाल उठा लेता। यदि कोई आँख दिखाता तो उस पर गंदे जल के छींटे उड़ाने लगता।

कहना न होगा कि निमाई की ये लीलाएँ आसपास के लोगों व टोले की स्त्रियों को क्षुब्ध करने के लिए काफी थीं। वे शची देवी को उपालंभ देने आतीं व जाते-जाते चार तरह की बातें सुना जातीं।

शची माँ मूक भाव से सब सुनतीं, क्योंकि न तो वे पुत्र की उद्दंडता

पर रोक लगा सकती थीं और न ही उन स्त्रियों को बोलने से रोक सकती थीं।

एक दिन तो निमाई ने चंचलतावश सारी सीमाएँ ही पार कर दीं। एक घूरे पर झूठे नैवेद्य की हाँड़ियाँ पड़ी थीं। उसने उन हाँड़ियों के टुकड़ों से खेलना आरंभ कर दिया। पूरे हाथ-पैरों व मुँह पर सूखा अन्न, दही व कालिख आदि लग गई।

जो भी देखता, छिह-छिह करता, उस अपवित्र स्थान से नीचे उतर आने को कहता, किंतु हमारे गौरसुंदर को किसी की परवाह क्यों होने लगी!

किसी स्त्री ने हाट पर जाते-जाते शची माँ को निमाई की इस नई प्रगति का समाचार दे ही दिया। शची माँ हाथ का काम छोड़ उसी ओर लपकीं। जाकर देखा कि पुत्र मुग्ध भाव से अपवित्र वस्तुओं के ढेर पर बैठा मुसकरा रहा है। माँ डपटती नहीं तो क्या करतीं। इतने में उत्तर आया, "यदि शिक्षा नहीं दिलवाओगे तो मूर्ख ही रहूँगा और भला मूर्ख को शुद्धाशुद्ध का ज्ञान कैसे होगा?"

शची माँ निरुत्तर थीं। निमाई ने उन्हें दूसरे ही तरीके से जता दिया था कि शिक्षा किसी के भी जीवन-मार्ग की बाधा नहीं बनती। वह तो व्यक्ति के सर्वस्व को संपूर्ण बनाने का एक साधन है, उसे सभ्य समाज के बीच प्रतिष्ठित करने का एक माध्यम है। केवल भावी अनिष्ट की चिंता के कारण पुत्र को शिक्षा न देने का निर्णय न केवल कठोर अपितु त्याज्य भी था।

उस रात शची माँ ने पति से सारी घटना कह सुनाई व आग्रह किया कि वे अपने निर्णय पर फिर से विचार करें। थोड़ी ऊहापोह के बाद मिश्रजी मान गए कि पुत्र के उपनयन संस्कार के बाद उसकी शिक्षा का यथोचित प्रबंध करेंगे।

वास्तव में महापुरुषों की लीलाएँ अपने-आप में कई गूढ़ अर्थ लिये होती हैं, जो कि इतनी आसानी से दिखाई नहीं देतीं। प्रकट में हमने

देखा कि निमाई ने अपनी पढ़ाई को फिर से चालू कराने के लिए झूठी हाँड़ियाँ या शुद्ध-अशुद्ध वाली लीला रची, किंतु श्री श्री चैतन्य भगवान् में इस लीला का वास्तविक मर्म प्रकट करते हुए कहा गया है—

"दत्तात्रेय भाव से महाप्रभु माता को उपदेश द्वारा कहने लगे—'शुचि-अशुचि विचार प्राकृत लोगों की प्राकृत कल्पना या मनोधर्म मात्र है। सर्वत्र ही अद्वय-ज्ञान विष्णु का अधिष्ठान है। जिस स्थान पर भगवान् विराजते हैं, वह अत्यंत पवित्र है। जिनको सर्वत्र प्रभु के दर्शन नहीं, वे ही इस प्रकार मनोधर्म के विचार से प्लावित होते हैं। विष्णु की रसोई बनाने का पात्र कभी अपवित्र नहीं होता, वह नित्य-पवित्र है; उसके स्पर्श से ही समस्त वस्तुएँ शुद्ध हो जाती हैं; अशुद्ध अर्थात् सेवा-विहीन स्थान पर प्रभु नहीं विराजते।"

यह तय पाया गया कि उचित मुहूर्त निकलवाकर प्रिय निमाई का उपनयन संस्कार संपन्न करवा दिया जाएगा, ताकि उसके पश्चात् शिक्षा का विधिवत् प्रबंध हो सके।

निमाई के जीवन में आई इस बाधा का निराकरण हो चुका था। उनके माता-पिता के मन में भी अब कोई दुविधा नहीं थी। अब तो निमाई व्यग्रता से उस दिन की प्रतीक्षा कर रहे थे, जब उनका व्रतबंध संस्कार होना था। एक बालक के हृदय में शिक्षा पाने की तीव्र लालसा ने सबको आश्चर्यचकित कर दिया था।

विश्वंभर प्रसाद मिश्रजी का उपनयन संस्कार होनेवाला था। पूरे घर में तैयारियों की धूम मच गई। मिश्रजी ने यथायोग्य प्रबंध किया। शची माँ के आँगन में टोले की दूसरी स्त्रियाँ आ जुटतीं व प्रभुचर्चा-कीर्तन के बीच मनों अनाज साफ हो जाता, सब्जियाँ छिल-कट जातीं व अनाज पिस जाता। सामूहिक रूप से तैयार किए गए भोजन में भी महाप्रसाद का सा स्वाद आ जाता है। अनेक विद्वान् व ब्राह्मण भी समय पर आ पहुँचे।

उपनयन संस्कार

निमाई के उपनयन संस्कार का समारोह चल रहा था। पूरा गाँव वहीं उपस्थित था। बालक को नहला-धुलाकर पवित्र लाल वस्त्र धारण करवाया गया तो उसकी कांति देख सभी मुग्ध हो उठे। शची माँ चुपके से कमरे में गईं व पुत्र के कान के पीछे काजल का डिठौना आँक दिया। माँ पुत्र की प्रशंसा सुन अघाती नहीं किंतु साथ ही उसके नजराए जाने की आशंका भी सबसे पहले उसे ही सताती है। आसपास की स्त्रियों के मुख पर तो एक ही बात, "शची माँ! देखो तो कैसा मनमोहन दिखता है!"

"अरे वाह! क्या रूप निखरा है।"

"यह तो साक्षात् कान्हा के चेहरे की उजास है।"

शची माँ ने मन को टहोका दिया कि पुत्र को बारंबार न देखे। ज्यों ही विहँसते पुत्र पर नजर जाती तो वे दाँतों तले होंठ दबाकर अपना ध्यान दूसरी ओर खींच लेतीं।

यज्ञमंडप की ओर जाते निमाई के चेहरे पर छाई नटखट मुसकान देख कई चेहरों पर मुसकान खिंच आई। फिर जाने क्या सोचकर निमाई खिलखिलाने लगा। मानो चारों ओर उज्ज्वल-धवल प्रकाश निखर आया हो।

आसन पर विराजते ही चंचल बालक ने गांभीर्य का लबादा ओढ़

लिया। पिता ने कान में गायत्री मंत्र का उच्चारण किया और हुंकारा देते ही आवेश में आया बालक संज्ञाशून्य होकर भूमि पर गिर गया।

चारों ओर आपाधापी मच गई। पल भर पहले अपनी मोहिनी से सबका मन मोहनेवाला बालक अचेत हो गया था। कोई स्त्री नजर उतारने के लिए लाल मिर्च लेने दौड़ी तो कोई पानी के छींटे मारने का प्रबंध करने लगी।

सब स्त्रियों ने समवेत स्वर में घोषणा कर दी कि हो न हो, बालक पर कोई ऊपरी साया है। उसे उतारने के लिए किसी ओझा को बुलाना होगा। शची माँ ने इसका समर्थन नहीं किया। वे तो जैसे इस धरती पर ही नहीं थीं। बड़े पुत्र के गृह-त्याग के बाद से उनकी यही हालत हो गई थी। किसी भी तरह का सदमा या अच्छा-बुरा समाचार पाते ही पाषाण की भाँति जड़वत् हो जातीं। जैसे किसी ने उनकी सारी संवेदनाएँ हर ली हों।

''बालक बेसुध पड़ा है।''

''छोरे को होश में लाओ।''

''ओ माँ! देखो तो कैसा लोट रहा है।''

''हे ठाकुरजी! भला-भला करो।''

विभिन्न स्वरों के बीच मिश्रजी ने पुत्र को ध्यान से देखा। निमाई की आँखें कमलपुष्पों के समान अधखुली थीं। उनसे निरंतर आँसू टपक रहे थे। होंठों के कोनों पर वही मोहिनी मुसकान खेल रही थी। चेहरे पर अलौकिक भाव जगमगा रहा था।

उन्होंने मुख पर गंगाजल के छींटे दिए व स्नेह से सिर पर हाथ फिराया। बालक की सुध तो लौट आई किंतु चेतना कहीं शून्य में अटकी थी। ध्यान जाने किस आनंदलोक की यात्रा पर था।

''तुम ठीक तो हो, पुत्र?''

''की होलो, खोका! तुमी ठीक आछे।''

''मेरा लाल कैसा है अब?''

"क्या हुआ था, रे निमाई?"

इन सभी प्रश्नों के उत्तर में निमाई ने एक सधी मुसकान ही दी। यद्यपि अब आँखों में आँसू नहीं थे, पर उनकी आभा से सारा वातावरण प्रकाशित था। तब भी किसी जादू-मंत्र उतारनेवाले को बुलाने की कानाफूसी होती रही तो एक पंडितजी ने घुड़का, "बेकार की बातें मत करो! भला इस बालक पर ऊपरी साया कहाँ से दिखता है। देखो तो, कैसी मनमोहक छटा विराजी है। चेहरे की दीप्ति व आभामंडल कितना पवित्र व सात्त्विक है। यह तो जैसे मुरली मनोहर ही दर्शन दे रहे हैं। व्यर्थ बकवास छोड़ो व उनके दर्शनों से जीवन सफल कर लो।" कहते-कहते उन्होंने भावुक होकर बालक के चरण-स्पर्श कर लिये।

फिर तो जैसे प्रथा के विपरीत चलने की होड़ सी शुरू हो गई। मिश्रजी ने सबको बरज दिया, "आप नई प्रथा न चलाएँ। मेरे पुत्र का उपनयन संस्कार हुआ है। आप उसे आशीर्वाद दें।"

नवदीक्षित ब्रह्मचारी ने भिक्षा का पात्र एक-एक कर सबके सामने फैलाना आरंभ किया और सभी अपनी-अपनी इच्छानुसार भिक्षा देने लगे।

यूँ तो गाँववासियों ने पहले भी ऐसे समारोहों में हिस्सा लिया था, परंतु यहाँ की बात ही निराली थी। बालक भिक्षा लेकर उनकी ओर निहारता तो उन्हें ऐसा लगता, मानो कई जन्मों की तृष्णा मिट गई हो।

बालक चलते-चलते अचानक थम गया। उसने गुरु-गंभीर वाणी में पुकारा—"माँ… !"

शची माँ की चेतना लौट आई। वे तो जाने कब से चुप बैठी थीं।

"कहो पुत्र!"

"तुम आज के बाद एकादशी के दिन अन्न ग्रहण नहीं करोगी।"

सभी हतप्रभ हो उठे। ऐसा लगा कि यह निमाई नहीं अपितु उनके भीतर से कोई दूसरा ही बोल रहा है। कोई अदृश्य शक्ति ही उसे ऐसा

आचरण करने को विवश कर रही थी।

"हाँ, पुत्र! जो कहोगे, वही करूँगी। तुम्हारी आज्ञा शिरोधार्य!" शची माँ ने दोनों हाथ जोड़ दिए।

उस शाम उपनयन संस्कार से लौटते लोगों के बीच निमाई का विचित्र स्वभाव व उसके द्वारा माँ को दिया गया आदेश ही चर्चा का विषय बना रहा।

□

शिक्षा-दीक्षा

निमाई के जीवन में एक नया मोड़ आया। नटखट बालक व्याकरण शास्त्र की दुरूह गलियों में भटकने लगा। उसे गंगादास की पाठशाला में भेजा गया। मिश्रजी स्वयं घर में न्यायशास्त्र की शिक्षा देते। पुत्र-वियोग की आशंका छँटने के बाद मिश्रजी भी उसकी विलक्षण प्रतिभा को सँवारने-निखारने में विशेष आनंद पाने लगे थे।

जिस तरह निमाई का उत्पात चर्चा का विषय बनता था, उसी तरह उसकी अध्ययनशीलता की वाहवाही होने लगी। निमाई देखते-ही-देखते समवयस्कों से आगे निकल गया।

पिता प्राय: इष्टदेव के सम्मुख नतमस्तक हो प्रार्थना करते, "हे प्रभु! मेरे पुत्र पर दयादृष्टि बनाए रखना। आठ पुत्रियाँ जन्म के बाद असमय चल बसीं। विश्वरूप सरीखा गुणवान पुत्र भी हमारा न रहा। कहीं ऐसा न हो कि विश्वंभर भी हमसे दूर जा पड़े। हमारे बुढ़ापे के सहारे को न छीनना! यही तो हमारे जीवन का एकमात्र आश्रय है।"

कहते हैं कि मन को चिंता का घुन लग जाए तो वह भीतर-ही-भीतर घुलने लगता है। भले ही मिश्रजी मुख से कुछ नहीं कहते थे, पर दिन-रात अपनी आँखों के तारे निमाई के लिए प्रार्थनारत रहते। ऊपर से दिखने में सबकुछ सहज व सामान्य था।

शची माँ भी निश्चिंत थीं कि परिवार-रूपी नैया भयंकर हिचकोलों

व बाधाओं के बाद सहज रूप से चल निकली थी, किंतु क्या इतना होने पर ही भावी टल सकती थी! थोड़े ही समय बाद मिश्रजी को ज्वर आने लगा। यद्यपि घर में निर्धनता का साम्राज्य था किंतु उपचार में कोई कसर नहीं रखी गई। निमाई भी जी-जान से पिता की सेवा करता। शची माँ माथे पर गीली पट्टियाँ करते-करते तथा पति की अनथक सेवा करते-करते पगला सी गईं पर बुखार को न उतरना था और न ही उतरा।

परिवार के मुखिया का अंतकाल समीप आ पहुँचा। शची माँ का कलेजा फटने को आ गया, परंतु किसी तरह निमाई के भोले मुख को देख स्वयं पर काबू पाया। भला उस बालक ने क्या सुख पाया। अल्पायु में ही परिवार के दो पुरुषों का सदा के लिए वियोग हो जाना। बड़ी बहनों की मृत्यु के विषय में उसने सुना भर था किंतु भाई को गृह-त्याग करते तो स्वयं देखा था। उन क्षणों की पीड़ा को भोगा था। शची माँ के उदास चेहरे व बाबा की विवशता को देखा था।

और अब यह दूसरा सदमा। बिस्तर पर अंतिम साँसें गिनते मिश्रजी! पैताने खड़ी शची माँ, निमाई तथा वैद्यजी। समाचार गाँव भर में पहुँचा तो शुभचिंतकों की भीड़ आ जुटी। पंडितजी तो सभी को प्रिय थे। न किसी का लेना, न किसी का देना। जब ऐसा कोई व्यक्ति संसार से विदा लेता है तो अपरिचित भी श्रद्धांजलि देने आ जाते हैं।

'हरिबोल-हरिबोल' के नामोच्चार के साथ मिश्रजी अपनी अंतिम यात्रा पर चल दिए। कई जीवनीकारों ने यह भी कहा है कि निमाई के पिता ने गंगा के किनारे अपनी अंतिम साँसें लीं। उनके आग्रह पर उन्हें गंगा किनारे लाया गया व शरीर के आधे भाग को जल में डुबो दिया गया। तब मिश्रजी ने अपने पुत्र को रघुनाथ की शरण में देकर अपने इष्ट का नाम-स्मरण करते हुए गंगाजल में ही देहत्याग किया।

एक पुण्यात्मा ने संसार से विदा ली। नन्हा निमाई अचानक ही धीर-गंभीर युवक हो गया। पुत्र व पति के विरह-भार से शोक-संतप्त

शची माँ के लिए वही सहारा शेष था। निमाई ने अपने आँसू पोंछे और माँ को अपने गले लगा लिया। शची माँ उस दिन ऐसे फूट-फूटकर रोईं, मानो कोई बालक माँ की गोद में आकर मन का भार हल्का कर रहा हो।

यद्यपि सगे-संबंधी व गाँववासी परिवार की यथासंभव सहायता कर रहे थे, किंतु निमाई ने तो जैसे माँ की सेवा को ही अपना लक्ष्य बना लिया था। माँ-बेटे दोनों ही एक-दूसरे के मन को शांति देने के प्रयास करते रहते। परिवार में फिर से अतिथियों व साधुओं का सत्कार होने लगा। अल्पायु में निमाई को इतनी कुशलता से घर के सारे उत्तरदायित्व सँभालते देख सभी दंग थे।

इन परिस्थितियों में यदि कोई साधारण मनुष्य होता तो निश्चित रूप से परास्त हो जाता, किंतु निमाई ने माँ व परिवार के कर्तव्य निभाने के साथ-साथ अपने अध्ययन को भी जारी रखा। वे पढ़-लिखकर योग्य विद्वान् बनें, यही उनके पिता की एकमात्र अंतिम इच्छा थी। निमाई ने शीघ्र ही न्याय व अलंकार शास्त्र आदि में प्रवीणता पा ली। शीघ्र ही पूरे अंचल में निमाई की कीर्ति फैल गई।

प्राचीनकाल में मिथिला को नव्य-न्यायशास्त्र के अध्ययन का प्रमुख केंद्र माना जाता था। दूर-दूर के प्रांतों से छात्र यहाँ न्यायशास्त्र की शिक्षा पाने जाते। शिक्षा संपूर्ण होने पर एक नियम था कि छात्र किसी भी पुस्तक को अपने साथ नहीं ले जाने देते थे। कहते हैं कि एक बार नवद्वीप का एक ब्राह्मण युवक वहाँ शिक्षा पाने गया। लौटते समय उससे भी पुस्तकें ली गईं तो वह बोला, 'कोई बात नहीं, हमें पुस्तकें नहीं चाहिए। वैसे अब बंगाल के किसी भी छात्र को यहाँ आने की आवश्यकता नहीं रही।'

उस युवक का नाम था 'वासुदेव सार्वभौम'। उसने घर लौटकर सभी ग्रंथ पुन: लिख डाले, क्योंकि वे उसे अक्षरश: कंठस्थ हो गए थे। नवद्वीप में भी नव्य-न्याय पढ़ाया जाने लगा। फिर अन्य पंडितों ने भी

उस विषय पर अनेक शोधपूर्ण पुस्तकें लिखीं और देखते-ही-देखते पूरे नवद्वीप में न्यायशास्त्र की उन्नति होने लगी। सुदूर प्रांतों के छात्र वहाँ शिक्षा पाने के लिए जाने लगे।

निमाई भी एक नैयायिक बनना चाहते थे, क्योंकि वहाँ न्यायशास्त्र का बहुत आदर था। टीका-टिप्पणी, समालोचना, तर्क-वितर्क, वाद-विवाद सभी इसी रस में मग्न रहा करते।

इसी विषय में निमाई के जीवन से जुड़ा एक प्रसंग कहा जाता है। कहते हैं कि वे भी अल्पायु में ही न्यायशास्त्र के किसी ग्रंथ पर टीका लिख रहे थे। एक दिन उनके एक सहपाठी से इसी विषय में चर्चा हो रही थी। उन्होंने कहा, 'मैंने काफी परिश्रम से न्यायशास्त्र की एक टीका लिखी है। कहो तो उसके कुछ अंश सुनाऊँ।'

सहपाठी बोला, 'हाँ, अवश्य सुनाओ मित्र।'

निमाई ने सहज भाव से टीका के कुछ अंश सुनाने आरंभ किए व अपनी ही रौ में सुनाते चले गए। जब नेत्र खोले तो पाया कि सहपाठी की आँखें नम थीं। उसने झट से मुँह घुमाकर आँसू छिपाने चाहे, पर निमाई इतनी आसानी से माननेवाले नहीं थे। उन्होंने सहपाठी को अपनी कसम दिलवाकर पूछ ही लिया।

'कहो मित्र! तुम्हारी आँखों में आँसू क्यों?'

'नहीं, कोई बात नहीं।' सहपाठी ने टाला।

'अच्छा, मुझसे नहीं कहोगे?' निमाई ने कहा।

फिर काफी खींचतान के बाद सहपाठी बोला, 'मित्र! मैंने भी इसी ग्रंथ की टीका रची है। तुम्हारा पाठ सुनकर तो ऐसा लगता है कि कोई मेरी टीका सुनेगा भी नहीं। प्रसिद्धि मिलना तो बहुत दूर की बात रही। मेरी बरसों की साध अधूरी रह जाएगी।'

'बस, इतनी सी बात!' निमाई ने हँसते-हँसते कहा और तत्काल अपनी टीका के पृष्ठों को गंगाजी में विसर्जित कर दिया।

सहपाठी 'हैं, हैं, क्या करते हो?' बोलता ही रह गया, किंतु निमाई ने अपने मन की करके ही दम लिया। मित्र की इच्छापूर्ति के लिए अपनी मेहनत को लहरों में बहाने का कार्य निमाई ही कर सकते थे। ऐसा साहस बिरलों में ही हुआ करता है।

सोलह वर्ष की आयु में निमाई का अध्ययन संपूर्ण हुआ। नदिया के पंडित समाज में निमाई पंडित सभी के लिए चर्चा के केंद्र थे। गंगातट पर खड़े छात्रों की भीड़ में प्राय: निमाई पंडित का नाम सुनाई देता। उनकी ख्याति चारों ओर फैलने लगी। शची माँ तक भी यह समाचार पहुँचता तो उनका रोम-रोम पुलकित हो जाता। पुत्र ने उनके पति का नाम उज्ज्वल कर दिया था।

निमाई उर्फ आचार्य विश्वंभर मिश्र अपनी टोल खोलना चाहते थे किंतु घर में इतना स्थान कहाँ था। ऐसे में मुकुंद संजय नामक धनी ब्राह्मण आगे आए। वे स्वर्गीय मिश्रजी के पूर्व परिचित थे। शची माँ उनसे भेंट करने गईं व निमाई के पांडित्य के विषय में बताया, किंतु निमाई की प्रसिद्धि तो पहले से ही वहाँ पहुँच चुकी थी। वे बोले, "भाभी माँ! आप चिंतित न हों। प्रतिभा के लिए कोई बाधा स्थायी नहीं होती। मेरे चंडीमंडप में पंडित निमाई की टोल होगी। चार भले लोगों के बीच मेरा भी मान बढ़ेगा।"

विश्वंभर पंडित की आयु सोलह वर्ष व चंडीमंडप में टोल की स्थापना; गाँववाले गुणगान करते न थकते। जिन्होंने चंचल निमाई को बाल्यकाल में, दूसरों को सताते व शरारतें करते देखा था, वे तो किसी भी कीमत पर विश्वास नहीं कर पा रहे थे कि उन्होंने जो सुना है, वह पूरी तरह से सत्य है।

निमाई पंडित की टोल के चर्चे दूर-दूर तक फैले थे। देखते-ही-देखते वहाँ छात्रों का जमघट रहने लगा। विद्यादान के समय निमाई पंडित की धीर-गंभीर ओजस्वी वाणी गूँजती तो कक्षा समाप्त होने के बाद

शिक्षक महोदय का रंग ही निराला होता।

सभी छात्र अपने गुरुजी सहित गंगास्नान को चल पड़ते। राह में खूब मनोविनोद होता। निमाई पंडित किसी भी ज्ञानी पंडित को घेर लेते व उसे वाद-विवाद में हराकर ही दम लेते। शिष्यमंडली खिलखिला उठती। भला ऐसे गुरुजी अच्छे क्यों न लगें, जो पढ़ाने के साथ-साथ हँसने की भी प्रचुर सामग्री जुटा देते हों।

गंगा के घाट पर तो खूब धमाचौकड़ी मचती। निमाई ऐसी छलाँगें लगाते कि बाकी लोग झट से अपना डेरा-डंडा समेटकर स्थान खाली कर देते। भला उनसे उलझने का साहस किसमें था।

निमाई का यह विपरीत आचरण सबके आश्चर्य का विषय था। जो व्यक्ति अपने तर्कों से बड़े-से-बड़े विद्वान् को परास्त कर देता हो, उसी के व्यवहार में ऐसा खिलंदड़पन कहाँ से आया!

निमाई के शिष्य भी अपने गुरु की ही टेक पर चलते। इस प्रकार आचार्य विश्वंभर मित्र की टोल एक अनूठे आकर्षण व उदाहरण के रूप में लोकप्रिय होती चली गई।

□

पत्नी को सर्पदंश

निमाई विशेष रूप से वैष्णवों का बहुत उपहास करते। किसी भी वैष्णव भक्त को पाते ही उससे व्यंग्य-मिश्रित प्रश्न पूछते और उत्तर न पाने पर उसकी खिल्ली उड़ाते। वैसे उनके पांडित्य के चर्चे दूर-दूर तक थे। शची माँ अपने पुत्र की प्रसिद्धि सुन गद्‌गद हो जातीं। धन-धान्य का भी अभाव न रहा। निमाई के लिए विवाह के प्रस्ताव आने लगे। पंडित वल्लभाचार्य अपनी पुत्री लक्ष्मी का विवाह निमाई पंडित से करना चाहते थे।

माँ ने मन की साध पूरी करने के लिए हामी भर दी। कुछ ही दिन में लक्ष्मी निमाई की वामांगी बनकर घर में आ गईं। घर-संसार सुखपूर्वक चलने लगा। एक दिन नदिया में श्रीपाद ईश्वरपुरी पधारे। वे कृष्णभक्त संन्यासी थे। कृष्णभक्ति व राधा के अलौकिक प्रेम का वर्णन करने के लिए ही उन्होंने 'श्रीकृष्णलीलामृत' नामक काव्य रचा था। वैष्णव बड़े ही प्रेम से उस काव्य का गान करते।

एक दिन उनकी दृष्टि निमाई पंडित के दल पर पड़ गई। उन्होंने अपनी मंडली से आग्रह किया कि वे उनका परिचय करवा दें किंतु निमाई के वास्तविक स्वभाव को जाननेवाले भयभीत थे कि कहीं वे ईश्वरपुरी को ही उपहास का पात्र न बना दें, किंतु ईश्वरपुरी के कदम तो स्वयं ही आगे बढ़ते चले गए।

वैष्णव भक्तों की खिल्ली उड़ानेवाले निमाई भी जाने कैसे पहली

ही भेंट में ईश्वरपुरीजी से नेह का नाता जोड़ बैठे। ईश्वरपुरी ने उन्हें अपना काव्य सुनाया और उसमें दोष दिखा देने की विनती की।

निमाई तो किसी के कहे बिना ही यह कार्य कर देते थे किंतु कृष्णभक्ति के रस में डूबे काव्य में दोष देखने का अवसर ही कब मिला। इसमें कोई संदेह नहीं कि जाने-अनजाने उन्होंने भी कुछ डुबकियाँ तो लगा ही ली थीं।

अब तक वैष्णवों का सखाभाव उनके लिए कोई अर्थ नहीं रखता था किंतु यह काव्य सुनने के बाद तो जैसे नाना नवीन अर्थ सामने आने लगे। संभवतः निमाई से चैतन्य होने की राह पर कदम पड़ चुके थे। उन्होंने प्रेम को एक नए रूप में जाना था। ऐसा प्रेम, जो काम से रहित होकर, सबके लिए समान भाव से शुद्ध, पवित्र व आत्मिक स्वरूप रखता हो।

कई विद्वज्जनों ने माना है कि प्रेम का यह आवेश प्रतिफलित होने के लिए लक्ष्मी माध्यम बनीं। पत्नी से निकट आत्मीयता के क्षण सीमित होने के कारण वही रसधार धीरे-धीरे कृष्ण के चरणकमलों पर पड़ने लगी। उन्हीं दिनों उनके भीतर उमड़ते-घुमड़ते आवेगों के बादल ने वर्षा का रूप धरा और वे प्रत्यक्षतः रोने लगे। रोते-रोते हिचकी बँधी और वे बेसुध हो गए।

अनेक उपायों से उनकी सुध तो लौट आई किंतु ईश्वरपुरी द्वारा जगाई गई लौ ने भीतर एक स्थान बना लिया था। वे स्वयं अपने भीतर उमड़े इन भावों से अनजान थे, उन्हें कोई पहचान या नाम नहीं दे पा रहे थे, किंतु इतना तो स्पष्ट था कि कृष्णप्रेम की धारा अचेतन से निकलकर चेतनावस्था की ओर अग्रसर हो चुकी थी।

टोल का कार्य चलता रहा। उन दिनों की प्रथा के अनुसार विद्वान्, पंडित, कलाकार आदि दूसरे देशों व गाँवों में भ्रमण करते थे। धनिक वर्ग उनके रहने-खाने का यथोचित प्रबंध करते व स्थानीय जनता को

उनके कौशल, विद्वत्ता व गुणों से परिचित कराते। पुण्यवान गृहस्थ दान आदि देकर पुण्य अर्जित करते। निमाई के मन में आया कि क्यों न यात्रा की ज़ाए व पुरखों के गाँव के दर्शन भी हो जाएँ। माँ के सामने यह प्रस्ताव रखा तो उन्होंने साफ इनकार कर दिया।

उन दिनों वैसे भी निमाई का चित्त ठीक नहीं रहता था। जाने कब हँस दें, कब रो दें या कब सुध खो दें। फिर कुछ शुभचिंतकों ने समझाया कि निमाई को जाने से रोका न जाए। शिष्य उनका ध्यान रखेंगे और बाहर जाने से उनका मन भी बहल जाएगा।

नदिया से निमाई का दल रवाना: हुआ। मार्ग में पड़नेवाले प्रत्येक गाँव में यथोचित सत्कार हुआ। अनेक विद्वानों व पंडितों से भेंट का सुअवसर मिलने के साथ-साथ दान-दक्षिणा भी प्रचुर मात्रा में मिली।

निमाई इष्ट-मित्रों व संबंधियों से भेंट कर घर लौटे तो एक दुखदायी समाचार प्रतीक्षारत था। उनकी प्राणप्रिया पत्नी लक्ष्मी सर्पदंश से चल बसी थीं। पत्नी से वियोग का यह समाचार विचलित कर देनेवाला था। निमाई के भावुक हृदय को गहरी ठेस लगी। यद्यपि वे प्रत्यक्षत: कोई प्रतिक्रिया नहीं दे सके किंतु संभवत: लौकिक व सांसारिक सुखों की डोर टूटने की पृष्ठभूमि बन चुकी थी।

निमाई का चंचल स्वभाव थोड़ा ठहर सा गया। यदि कोई ध्यान से देखता तो उनके हँसते मुख पर विषाद की छिपी रेखाएँ भी दिखती थीं। भला माँ से क्या छिपा था। शची माँ भी पुत्र की पीड़ा की सहभागी थीं। क्षण भर में पुत्र की सोने जैसी गृहस्थी खाक हो गई थी। अभी तो नेह के धागे पूरी तरह से बँधे भी नहीं थे कि सबकुछ नष्ट हो गया।

□

माँ द्वारा पुत्र के पुनः विवाह का प्रयास

आचार्य केशव अपने दल सहित भारत में दिग्विजय करने निकले थे। वे कश्मीर के प्रकांड पंडित थे। नवद्वीप में चारों ओर उनके आने की चर्चा थी। यूँ तो नदिया में भी एक-से-एक विद्वान् व पंडित बसते थे किंतु केशवजी के आगे भला कौन टिकता। उनसे शास्त्रार्थ करना बच्चों का खेल नहीं था।

आचार्य केशव ने गंगा किनारे डेरा डाला व पूरे नगर में डोंडी पिटवा दी कि जो भी स्वयं को बड़ा पंडित मानता हो, उन्हें शास्त्रार्थ में पराजित करके दिखाए। नदिया के विद्वान् मुँह छिपाते फिरें, पर अपने इलाके की साख भी तो बचानी थी, अतः निमाई पंडित के पास अरजी लगाई गई।

निमाई शिष्यों सहित गंगास्थान पर पहुँचे तो केशवजी की टोली से सामना हो गया। आचार्य केशव ने भी निमाई के विषय में बड़े किस्से सुन रखे थे, अतः मन में थोड़ा सा कौतूहल था, किंतु अपने आगे एक विनयी युवक को देख उनका मन शांत हो गया।

'भला यह लौंडा उनसे क्या खाकर तर्क करेगा!'

केशवजी ने देखते-ही-देखते गंगा पर सौ श्लोक रचकर सुना दिए। क्या श्लोक थे, सभी मुग्ध हो गए। निमाई ने कहा कि अमुक श्लोक का अर्थ तो समझा दें।

केशवजी तो दंग रह गए; बोले, "मैं तो धाराप्रवाह श्लोक रच-रचकर सुनाता गया। भला तुमने यह श्लोक कैसे याद रखा?"

एक शिष्य ने उत्तर दिया, "आचार्यजी! हमारे गुरुजी तो आपके द्वारा कहे गए सभी श्लोक सुना सकते हैं। ये किसी भी सामग्री को एक बार सुनकर या पढ़कर कंठस्थ कर लेने की क्षमता रखते हैं।"

यह सुनकर आचार्य ने आश्चर्य से निमाई की ओर देखा। उनके चेहरे पर स्वीकृतिसूचक मुसकान थी। केशवजी के आग्रह पर निमाई ने उनके दोष बता दिए। तब तो गरमागरम तर्क-वितर्क होने लगे। कुछ ही देर में आचार्य जान गए कि तर्कों में निमाई से पार नहीं पा सकेंगे। उनकी झुकी नजरें साफ जता रही थीं कि वे परास्त हो चुके थे किंतु निमाई ने झट से उनकी मान-रक्षा की—"आचार्य! आज साँझ होने को आई है। हम शेष शास्त्रार्थ कल करेंगे।"

उस शाम सभा समाप्त हो गई, पर रातोरात नदिया में समाचार फैल गया कि आचार्य केशव चारों खाने चित्त हो गए। उस रात आचार्य ने एक स्वप्न देखा। माँ शारदा स्वयं उनसे कह रही थीं, 'तुम किससे शास्त्रार्थ करने चले हो? उनसे तो मैं भी नहीं जीत सकती। वे तो मेरे कांत हैं। जाओ और क्षमा माँगो।'

आचार्य भोर होते ही निमाई पंडित के द्वारे आए और उनके चरणों में लोट गए। कहते हैं कि उन्होंने इस घटना के बाद अपना सबकुछ त्याग दिया और वैरागी बन गए।

नदियावासियों ने प्रिय निमाई पंडित की भूरि-भूरि प्रशंसा की। शची माँ तो पुत्र की बलैयाँ लेते नहीं थकती थीं। बस अब एक ही संताप था, उनके पुत्र का जीवन सूना था। यदि एक जीवनसाथी भी हो तो सारे दुख व पीड़ाएँ आधे हो जाते हैं। खुशियाँ दूनी हो जाती हैं। जीवन में कोई तो ऐसा चाहिए, जिससे व्यक्ति अपने मन की बात कह सके। जिसे अपने जीवन का भार सौंप सके।

शची माँ घर से निकलतीं तो लोगों के मुँह से भी यही सुनने को मिलता। कई जगह से विवाह के प्रस्ताव भी आए, किंतु माँ को तो ऐसी पुत्रवधू चाहिए थी, जो रूप व गुण दोनों में ही पुत्र की समता कर सके। गंगास्नान करने जातीं तो अनेक जाने-पहचाने चेहरे चरणस्पर्श करने आ जाते। कुछ स्त्रियाँ तो देखी-भाली होतीं तो कुछ देखा-देखी पाँव छूकर आशीर्वाद ले जातीं।

ऐसे ही एक दिन बड़ी प्यारी सी युवती ने माँ के चरणस्पर्श किए। उसने आगे बढ़कर उनके हाथ से गीली धोती लेकर सुखा दी और उन्हें हाथ थामकर सीढ़ियों पर भी चढ़ा दिया। इससे पहले कि वे उससे कुछ पूछ पातीं, सखियों के पुकारने पर वह कन्या चली गई।

शची माँ ने टोले की एक स्त्री से पूछा—''क्यों बहू! यह कन्या कौन थी?''

''माँ! वह तो विष्णुप्रिया है।''

शची माँ ने बातों-बातों में कन्या का नाम, पता व पिता का नाम आदि पूछ लिया था। ऐसा नहीं कि नदिया में रूपवती कन्याओं का अभाव था। अब तो कई दिन से ऐसी कन्याओं के मुख उनके आसपास मँड़राते दिखते थे। नदिया में कई ऐसे परिवार थे, जो उनसे संबंध जोड़ना चाहते थे। किंतु माँ की आँखों में कोई चेहरा बसता ही नहीं था।

फिर दूसरी बात यह भी थी कि वे निरंतर कई दिनों से पुत्र के मन की थाह ले रही थीं। निमाई दूसरा विवाह करना ही नहीं चाहते थे। लक्ष्मी की मृत्यु के बाद जैसे संसार से उनका नाता टूट सा गया था। शची माँ उसी टूटी डोर को जोड़ने के लिए कटिबद्ध थीं। उन्होंने किसी-न-किसी तरह निमाई को दूसरे ब्याह के लिए राजी कर लिया था और निमाई के लिए अपनी माँ की इच्छा व प्रसन्नता ही सर्वोपरि थीं।

□

विष्णुप्रिया के साथ विवाह

शची माँ नदी से कलसा भरकर लाईं तो जैसे कुछ भी करने की सुध ही न रही। आँखों के आगे सलज्जा, सुशीला व रूपवती कन्या का मुख नाच रहा था। क्या भला सा नाम था उसका। हाँ, विष्णुप्रिया! कितने नेह से उमगकर उसने अचानक चरण छू लिये थे।

जब से निमाई की पहली पत्नी का अकस्मात् देहांत हुआ था, तब से शची माँ की केवल एक ही साध थी कि पुत्र को फिर से गृहस्थ बना दें। कोई कुलशीला व उपयुक्त कन्या मिल जाए तो उसे घर का उत्तरदायित्व सौंप दें, पोते-पोतियाँ देखने की साध पूरी कर लें।

आज विष्णुप्रिया को देखते ही ऐसा लगा मानो कोई चिरवांछित प्रतीक्षा पूर्ण हो गई हो। लड़कियों ने बताया था कि वह सनातन मिश्र की कन्या है। कन्या के मनोहारी मुख का स्मरण कर मुसकराती शची माँ के चेहरे पर अचानक उदासी के बादल घिर आए।

'एक राजपंडित अपनी पुत्री के लिए मेरे पुत्र को क्यों चुनने लगा? वह तो किसी दूसरे धनी, विद्वान् व सुयोग्य वर को ही जामाता बनाना चाहेगा!'

वे इसी ऊहापोह में ऐसी खोईं कि घर के कामकाज को भी बिसरा दिया। रोज का नियम खंडित होने को ही था कि दरवाजे की साँकल खटखटाने का स्वर सुनाई दिया।

"आ जाओ भई! द्वार खुला ही है।" उन्होंने बुढ़ापे के भार से दोहरे होते घुटनों को फैलाते हुए कहा।

हरप्रसाद मिश्र पधारे थे। वे विवाह संबंध पक्के करवाने का कार्य करते थे। शची की दशा देख बोले, "माताजी! कोई सुयोग्य पात्र देखकर पुत्र का ब्याह करवा दें। अब गृहस्थी सँभालने की आयु नहीं रही आपकी!"

शची माँ ने उन्हें आसन देते हुए कहा, "मैं तो स्वयं इसी विचार में मग्न थी। आपने तो मेरे ही मन की बात कह दी।"

"तो क्या कोई कन्या है मन में?" मिश्रजी ने पूछा।

शची माँ कहते-कहते सकुचा सी गईं। इतने बड़े घर की पुत्री का नाम लें भी तो कैसे। राजमहलों में पलनेवाली को निर्धन की कुटिया में कैसे रखेंगी। फिर मिश्रजी के आग्रह पर उन्हें बताना ही पड़ा, "मेरी इच्छा थी कि यदि सनातन मिश्र की कन्या विष्णुप्रिया..."

"ओह, माताजी! लगता है, आज मुहूर्त बड़ा ही शुभ है। मैं तो स्वयं ही उसी के बारे में बतानेवाला था।"

शची माँ की खोई आस लौट आई।

"क्यों मिश्रजी! कैसी रहेगी विष्णुप्रिया-निमाई की जोड़ी?"

"साक्षात् लक्ष्मीनारायण!" मिश्रजी बोले।

शची माँ गद्‌गद हो उठीं।

इसके बाद तो जैसे स्वयं ईश्वर ने ही सबकुछ पूर्व नियोजित कर रखा था। राजपंडित सनातन मिश्र के घर विवाह का प्रस्ताव पहुँचा तो वे भी इनकार नहीं कर सके। पूरे नवद्वीप में निमाई पंडित की विद्वत्ता का डंका बज रहा था। एक बानी ही दूसरे बानी का आदर करता है। वे भी जान गए कि उनकी कन्या के लिए निमाई से अधिक सुयोग्य वर हो ही नहीं सकता।

बड़ी धूमधाम से विवाह समारोह आयोजित किया गया। सनातन मिश्र ने रूपवती कन्या को वस्त्रालंकारों से सुसज्जित कर गौरांग के

सम्मुख बिठाया तो सभी की आँखें जुड़ा गईं। सबने समवेत स्वर में कहा, 'साक्षात् प्रभु अपनी अर्द्धांगिनी सहित विराजे हैं।'

पूरे नवद्वीप में ऐसा समारोह पहले नहीं हुआ था। आसपास के गाँवों से आए सुजन भी पकवानों को खाकर अघा गए। दूध-दही की नदियाँ बहीं, पकवानों की पाँतें देखते ही बनती थीं। खानेवालों के पेट भर जाते थे, पर खाने की लालसा तृप्त नहीं हो रही थी। शची माँ ने अन्न का दाना भी मुँह में नहीं डाला था। पुत्र-पुत्रवधू का मुख देखकर ही उनकी जनमों की तृष्णा शांत हो गई थी। विवाहमंडप आनंद से मुखरित था। छात्र, अध्यापक व इष्ट मित्र आदि सगे-संबंधियों के साथ मिलकर उत्सव की शोभा बढ़ा रहे थे। विष्णुप्रिया के पिता ने शास्त्रीय विधि से अग्नि के सम्मुख अपनी पुत्री का कन्यादान किया व प्रभूत दान-दहेज के साथ पुत्री को विदा कर कृतार्थ हुए। वे निमाई के हाथों पुत्री को सौंपकर निश्चिंत थे।

गृहप्रवेश की शुभ वेला आ पहुँची। विष्णुप्रिया ने अपने पति के साथ घर की देहली पर पहला कदम रखा और उसी क्षण से वह उनकी सुख-दुख की सहानुगामिनी बन गई। पति के स्नेह-संबल ने पितृगृह से वियोग-रूपी दुख पर मरहम लगा दिया था।

द्वार से प्रवेश करते समय अचानक वधू का हाथ वर के हाथ से स्पर्श हुआ। विष्णुप्रिया तो जैसे विमुग्ध हो गई। ऐसा लगा जैसे कितनी सकारात्मक विद्युत् तरंगें, उनके शरीर में प्रविष्ट हो गई हों। पूरे शरीर में एक दिव्य तेज आलोड़ित हो उठा। वे देश, काल, स्थान व समय की सीमा भुलाकर एक अनिर्वचनीय सुख में हिलोरें लेने लगीं। फिर पति की दूसरी छुअन से ही वे यथार्थ के धरातल पर उतरीं। यद्यपि देखने वालों ने कुछ भी न देखा, न सुना और न जाना, परंतु भीतर-ही-भीतर दो आत्माएँ एक प्राण हो गई थीं। पति के बलिष्ठ हाथों के सहारे विष्णुप्रिया घर में पहुँची तो पिछले सब रिश्ते-नाते जैसे बिसरा दिए। अब वे केवल

गौरांग की वामांगी थीं, उनकी धर्मपत्नी।

अब वे विष्णुप्रिया नहीं थीं, गौरांग से नाता जुड़ते ही वे मानो गौरप्रिया हो गई थीं। गौरप्रिया—गौरांग की प्रिया, कितनी सार्थक संज्ञा है!

मन-ही-मन इष्ट को प्रणाम निवेदित कर गौरप्रिया ने माँगा कि मैं पति की प्रत्येक इच्छा को पूर्ण करने का साधन बनूँ। मेरे कारण पति के किसी भी निर्णय पर अनुचित प्रभाव न हो और हमारी आत्माओं का मिलन शाश्वत हो जाए।

शची माँ ने बड़े लाड़ से सारी रस्में पूरी कीं और पुत्रवधू को पुत्र के कक्ष में भेज दिया। अब माँ के हृदय में दूसरी साध को पूरा होते देखने की इच्छा बलवती होने लगी थी। उन्हें पूर्ण विश्वास था कि वे शीघ्र ही पुत्रवधू के मुख से वह मीठा समाचार सुनेंगी, जिसे सुनने को उनके कान तरस रहे थे, किंतु क्या यह सब इतना सरल था?

जिस व्यक्ति का मन-प्राण ईश्वर के उस अद्‌भुत लोक में विचरता हो, उसके लिए देह का अस्तित्व ही कहाँ रह जाता है। वह सांसारिक बंधनों से परे अपने ही आनंद में रमता है।

मिलन की उस पहली रात में यही तो हुआ था। लज्जा से दोहरी हो रही गौरप्रिया ने कक्ष में कदम रखा तो घूँघट की आड़ से पति का सलोना मुख देख रोमांचित हो उठी। सखियाँ सत्य ही कहती थीं, उसके जैसा वर तो भाग्य से मिलता है।

उन्होंने बहुत ही संकोच से पति के चरण-स्पर्श किए तो उन्होंने उन्हें दोनों हाथों से उठाकर अपने बाहुपाश में बाँध लिया और बोले, "प्रिये! तुम्हारा स्थान तो यहाँ है।"

गौरप्रिया का रोम-रोम पुलकित हो उठा। जब पति उनके कानों के समीप मुख लाकर कुछ बोले तो उन्हें ऐसा जान पड़ा, जैसे सृष्टि में कोई स्वर ही शेष न रहा। केवल पति का स्वर ही अनहद नाद की तरह उनके

मन-प्राण में गूँज रहा था। शरीर का एक-एक रोम उस स्वर की ओर खिंचा चला जा रहा था।

यदि इतना ही रहता तो भी गनीमत थी। इसके आगे तो दूना अचरज हुआ, पति के जिन रसपगे शब्दों को सुनने के लिए गौरप्रिया का पूरा शरीर ही श्रवण माध्यम बन गया था, अकस्मात् वे शब्द भी लोप हो गए। रह गई तो केवल एक आनंदानुभूति! एक अमृतमयी छुअन और सभी सांसारिक बातें जैसे कहीं पीछे छूट गईं। उन्हें केवल एक स्वप्न सा याद रहा कि वे हवा के पंखों पर सवार होकर पति के साथ किसी दिव्य लोक में विचर रही थीं। पति उन्हें उनके यथार्थ का बोध करा रहे थे।

गौरप्रिया सुबह जगीं तो विष्णु समान पति गहरी निद्रा में निमग्न थे। उन्होंने विहँसकर पति के चरण-स्पर्श किए और मन-ही-मन बोलीं, 'जान गई, प्रभु! मेरे परम धन! आपसे हुई इस पहली भेंट ने मेरे भीतर के सब द्वार खोल दिए। आपके स्पर्श ने मेरे अंतर्मन के चैतन्य को जाग्रत् कर दिया। धन्य भाग जो आप सा वर पाया। जान गई, प्रिये! हमारा मिलन सांसारिक बंधन में बँधने को नहीं हुआ। हम आध्यात्मिक पथ के सहभागी हैं। यदि आपको देह के बंधनों और कर्तव्यों में खींचा गया तो इससे बड़ा पाप कोई न होगा। जान गई, हम दोनों संसार की दृष्टि में भले ही साधारण दंपती हैं, किंतु हमारा स्वरूप अलौकिक है।'

□

वैष्णव भक्ति में रुचि जाग्रत्

विवाह हुए कई दिन बीत गए थे। लक्ष्मीस्वरूपा गौरप्रिया के चरण घर में क्या पड़े, घर की तो जैसे काया ही पलट गई। शची माँ की अनुभवी आँखों ने अपनी पुत्रवधू को गलत नहीं पहचाना था। इतने बड़े घर की कन्या होने पर भी गौरप्रिया के मन में अहंकार लेशमात्र भी नहीं था। वे सुबह उठते ही पहले माँ को गंगास्नान भेजतीं और फिर स्वयं समीप के तालाब पर स्नान कर लौट आतीं।

जब शची माँ गंगास्नान से लौटतीं तो गौरप्रिया पूरा घर झार-बुहारकर बैठी दूध उबालती दिखाई देती। आँगन में बनी रँगोली देख जी जुड़ा जाता। शची माँ मन-ही-मन प्रभु से निवेदन करतीं, "हे प्रभु! ऐसी पुत्रवधू सबको देना!"

शची माँ प्रतिदिन उस एक समाचार को सुनने के लिए कान लगाए रहतीं, जिसके सुनाए जाने की कोई संभावना ही नहीं थी। गौरांग व गौरप्रिया की हर रात कृष्ण-भक्ति की माधुरी का रसपान करते-करते बीत जाती। पति से वार्त्तालाप करते-करते गौरप्रिया आँखें मूँदतीं तो लगता मानो श्रीकृष्ण ही सामने आकर बाँसुरी बजाने लगे हों। वे अपने कानों से उस वंशी की तान को सुनतीं।

निमाई के लिए कृष्णभक्ति की चर्चा ही जैसे सबकुछ हो चली थी। निमाई तो जैसे परम वैष्णव होते जा रहे थे। ज्ञान-साधना का पथिक

जाने क्यों अचानक कृष्णभक्ति में निमग्न हो गया था। अपनी शरारतों व व्यंग्योक्तियों से दूसरों की खिल्ली उड़ानेवाले निमाई के जीवन में भीतर-ही-भीतर कोई रूपांतरण होता जा रहा था। अब न तो अध्ययन-अध्यापन में उत्साह रहा था और न ही बौद्धिक चर्चाओं में मन रमता था।

एक ओर अन्यमनस्क निमाई तो दूसरी ओर शची माँ की आँखों से झलकती साध! अब गौरप्रिया माँ को कैसे कहतीं कि वे जो चाहती हैं, वह इस जन्म में तो संभव ही नहीं है। उनका नाता किसी संसारी से नहीं, ऐसे देहधारी से हुआ है, जिसके मनप्राण सदा दिव्यलोक में विचरण करते है।

शची माँ के लिए भी गौरप्रिया का हृदय दुखी होता था। भला इस देवी ने जीवन में कौन सा सुख पाया। आठ पुत्रियों को जन्म दिया, सभी असमय चल बसीं। एक पुत्ररत्न मिला तो यति हो गया और अब यह दूसरा पुत्र, उनका स्नेह-धन भी जाने किस पथ की ओर अग्रसर था।

यद्यपि गौरप्रिया घर से नहीं निकलती थीं, किंतु गाँव में घटी ताजा घटनाओं के समाचार उन तक पहुँच ही जाते थे। उनकी सखियों ने उन्हें बताया था कि किस प्रकार निमाई पंडित का स्वभाव बदल गया है। व्याकरण के प्रकांड पंडित व विद्वान् निमाई, जो पहले वैष्णवों का अनादर करते थे और उनके धर्म की खिल्ली उड़ाते थे, अब वे ही वैष्णव धर्म में भक्ति का सार पाने लगे हैं। किसी भी वैष्णव को सामने पाते ही वे उसे भक्ति-भाव से प्रणाम करते हैं। पूरा गाँव उनकी इस बदलती मनःस्थिति को देख आश्चर्य में है।

पहले-पहल निमाई को एक विद्वान् किंतु दर्पवान व अहंकारी पंडित के रूप में जाना जाता था। यद्यपि वे किसी को हानि नहीं पहुँचाते थे, किंतु चंचलतावश कोई-न-कोई कौतुक करते ही रहते थे। स्वयं गौरप्रिया ने उन्हें विवाह से पूर्व अपनी शिष्य मंडली के साथ नटखट रूप में देखा और मन-ही-मन उनसे बँध गई थीं।

□

गया की तीर्थयात्रा

शची माँ बड़े ही आग्रह से निमाई और उनके सहयोगी बंधुओं को भोजन परोस रही थीं कि द्वार से निमाई के मौसा चंद्रशेखर का स्वर सुनाई दिया, "अरे वाह! भोजन की सुगंध ऐसी है तो स्वाद कैसा होगा?"

"अरे आइए, मेरी बहू के हाथों में रस है। साक्षात् अन्नपूर्णा का प्रसाद। चखकर तो देखिए।" शची माँ ने दुलारकर कहा।

पंडित चंद्रशेखर ने भोजन के दौरान अपनी गया यात्रा का समाचार दिया। उन्होंने कहा, "निमाई, गया में पितृ-श्राद्ध के लिए जाते हैं। इसे बहुत बड़ा पुण्यकर्म माना गया है। फल्गु नदी में पितरों का तर्पन करना सौभाग्यशालियों के ही भाग्य में होता है। पितर भी मुक्त हो जाते हैं।"

निमाई के हृदय में भी गया यात्रा की इच्छा बलवती हुई। उन्होंने माँ की ओर देखा। शची माँ ने स्वीकृति में सिर हिला दिया। कैसा अनोखा नाता था यह। माँ-पुत्र ऐसी डोर में बँधे थे कि कुछ कहे बिना ही एक-दूसरे की मन के बात जान लेते।

निमाई अर्थात् विश्वंभर ने पिता के श्राद्धकर्म के लिए गया जाने की तैयारियाँ आरंभ कर दीं। यात्रा का मुहूर्त निकाला गया। विजयदशमी का दिन शुभ माना गया। सभी उत्साहित थे किंतु शची माँ मन-ही-मन व्यथित थीं। नि:संदेह निमाई के साथ पूरा दल जा रहा था किंतु यदि वहाँ

उन्हें फिर से भावावेश हो गया तो। अनजान जगह पर उनके पुत्र की देखरेख कैसे होगी? यदि किसी ने उनकी दशा को समझा नहीं तो? यदि उन्होंने वहाँ से वापस न आने का विचार बना लिया तो? शची माँ के मन में तरह-तरह की शंकाएँ पनपने लगी थीं।

गौरप्रिया शची माँ की मनोव्यथा भाँप गईं। माँ के साथ रहते-रहते जैसे वे उनके मन को बूझना भी सीख गई थीं। उन्होंने एक भी शब्द कहे बिना शची माँ के दोनों हाथ थाम लिये। सास-बहू दोनों मौन भाव से कुछ देर इसी तरह बैठी रहीं। कभी-कभी संवादहीनता भी बहुत कुछ कह जाती है। गौरप्रिया शब्दों से जो कार्य न कर पातीं, उनके स्पर्श ने कर दिया था। शची माँ ने अपनी दुलारी बहू को गोद में खींच लिया। दोनों स्त्रियाँ अलग-अलग नातों से एक पुरुष से बँधी थीं और उसकी चिंता में घुली जा रही थीं, इसलिए वह मौन ही अनंत कथा बन गया।

निमाई ने जाने से पूर्व रात को एकांत में पत्नी से कहा, ''प्रिये! सुनो तो!''

गौरप्रिया ने बमुश्किल अपनी आँखों से बहते अश्रुजल को छिपाया और पति के सम्मुख जा खड़ी हुईं।

''माँ का ध्यान रखना व साथ ही अपना भी।''

''मैं अपने कर्तव्यपालन में कमी नहीं आने दूँगी।''

''क्या लाऊँ तुम्हारे लिए?'' निमाई बोले।

''आप कार्य पूरा होते ही लौट आना, बस यही माँग हैं।'' निमाई यह सुनकर मुसकरा दिए और प्रिया को अंक में भर लिया। ये क्षण ही तो गौरप्रिया के जीवन के चिर-प्रतीक्षित क्षण होते थे; इन क्षणों में वे एक साधारण संसारी स्त्री न होकर किसी अलौकिक देहधारी दिव्यपुरुष की सहयात्री हो जाती थीं।

गौरप्रिया की आँख खुली तो निमाई नींद में बेसुध थे। उन्होंने पति की चरणरज मस्तक पर लगाई और शॉल ओढ़ाकर बाहर आ गईं। पति

की यात्रा का सामान तो तैयार था, बस विदाई देने के लिए आए लोगों को बाँटे जानेवाले प्रसाद का प्रबंध करना था।

शची माँ से पूछकर उन्होंने पके केलों से भरी टोकरी तैयार कर ली। निमाई घाट से स्नान कर लौटे तो साथ चलनेवालों का ताँता लगने लगा। कितनें लोग तो तीर्थयात्रियों को आशीर्वाद व शुभकामनाएँ देने ही आ पहुँचे थे। आज तो गौरांग की छटा ही निराली थी। सफेद धोती, पीला शॉल और मुरारी पंडित ने लंबा पुष्पहार भी पहना दिया था। शची माँ ने माथे पर तिलक सजा दिया।

ऐसी अपूर्व सज-धज के साथ निमाई गया के लिए रवाना हुए। यह तीर्थयात्रा उनके जीवन में एक मोड़ सिद्ध हुई। गया की यात्रा ने निमाई के सर्वांग को पूर्णतः रूपांतरित कर दिया। वहीं उनकी भेंट पुनः प्रख्यात संन्यासी ईश्वरपुरी से हुई और उन्होंने दसाक्षर मंत्र की दीक्षा भी पाई।

चैतन्य गया के लिए घर से निकले तो मार्ग में उन्हें ज्वर हो आया। एक गाँव में ठहर कर, उनका उपचार कराया गया। वैद्यों ने दवाई दी, सयानों ने झाड़-फूँक की, पर कोई सुपरिणाम नहीं निकला। नदिया के महापंडित निमाई अपने निवासस्थान से दूर एक अपरिचित वातावरण में ज्वर से बेसुध थे। मौसा चंद्रशेखर की दशा तो और भी दयनीय थी। घर से जिस शुभ कार्य का बीड़ा लेकर चले थे, उसमें तो बाधा आई ही, ऊपर से प्रिय निमाई को ऐसा रोग!

निमाई की सुध लौटी तो उन्होंने शिष्यों से सारा वृत्तांत सुना। बोले, "यात्रा के दौरान इस गाँव में हमारा प्रवास अकारण नहीं है। यह ग्राम मुझसे कोई पूर्वजन्म का संबंध अवश्य रखता है। मेरा विश्वास है कि निकट खड़े विप्रवर मुझे अपना चरणोदक पान करने दें तो मैं एक दिन में ही स्वस्थ हो जाऊँगा और फिर यात्रा में कोई बाधा नहीं आएगी।"

विप्रवर पहले सकुचाए, किंतु निमाई की श्रद्धा के आगे विवश हो

गए। सारे गाँववासियों ने बड़े ही आश्चर्य से इस चमत्कार को घटते देखा। अगली सुबह निमाई स्वस्थ हो गए।

यात्री दल आगे बढ़ा। उस ज्वर ने शरीर में कमजोरी ला दी थी, परंतु मानसिक स्तर पर भी एक बड़ा अंतर परिलक्षित हो रहा था। निमाई पंडित की चंचलता कहीं खो गई थी। वे किसी अज्ञात ध्यान में खोए, पूरी गंभीरता के साथ गयाधाम की ओर बढ़ते जा रहे थे।

□

निमाई ने गुरुमंत्र लिया

इधर गाँव में शची माँ का मन भी व्याकुल था। भले ही पुत्र के रोग का समाचार उन तक नहीं पहुँचा था, पर माँ का मन तो जानता ही था कि संभवत: उसकी संतान कष्ट में है।

उनकी सखियाँ अपनी-अपनी सामर्थ्य के अनुसार उपाय बता रही थीं। गंगा माँ ने तांत्रिक से गंडा-ताबीज बनवाया तो केस्टो की माँ ने दूसरे सयाने की शरण ली। जितने मुँह उतनी बातें। निमाई की दशा के विषय में सुनकर वैद्यों ने उसे उन्माद या वायु रोग कह दिया था। शची माँ गाँव भर में भटकती फिरतीं, ताकि कोई सटीक उपाय मिल पाए और वे पुत्र के लौटते ही उसका इलाज करा सकें।

इसी दौरान उनकी भेंट वयोवृद्ध अद्वैताचार्य से हुई, जो उन दिनों शांतिपुर नामक स्थान पर आश्रम बनाकर रह रहे थे। विष्णुप्रिया की एक सखी कांचन दीदी भी वैष्णवी बन वहीं रह रही थीं। शची माँ और विष्णुप्रिया ने आश्रम में आचार्य से भेंट की। निमाई की दशा को जानकर आचार्य ने नेत्र मूँद लिये।

कुछ ही देर में चेहरे पर आँसू बहने लगे। वे नेत्र खोलकर बोले, "हे गौरांग! अब आने में देर न करो।"

शची माँ ने प्रश्नसूचक निगाहों से देखा तो बोले, "शची माँ, आप चिंता छोड़ दें। निमाई को कोई भूत-प्रेत बाधा नहीं है। उसके स्वभाव में

परिवर्तन आ रहा है। भावुकता व भक्ति का समावेश, बाकी सभी भावों को जला देगा। यह एक प्राकृतिक अवस्था है। इसी के पश्चात् एक नए महापुरुष, एक नए अवतार का प्राकट्य होगा। निमाई के भावावेश को उन्माद रोग न कहें। आप सौभाग्यवती हैं कि ऐसे पुत्र को अपनी कोख से जन्म दिया।''

शची माँ के मन की शंकाएँ विलुप्त हो गईं। विष्णुप्रिया को पति के वास्तविक स्वरूप का कुछ-कुछ आभास तो हो ही गया था, किंतु आज तो उसकी पूरी तरह से पुष्टि हो गई।

उधर निमाई गयाधाम पहुँचे। उन्होंने पूरे विधि-विधान से पिता का श्राद्ध किया। फिर वे उस मंदिर में पहुँचे जहाँ श्रीकृष्ण ने गयासुर के झुके मस्तक पर अपना चरणकमल रखा था।

उसे देखते ही निमाई की टकटकी बँध गई। फिर तो जैसे उन चरणचिह्नों के अतिरिक्त संसार में कुछ भी शेष न रहा। निमाई को भावावेश हो आया। उनके होंठ काँपने लगे, पूरे शरीर में एक अलौकिक आनंद छा गया। वे थर-थर काँप रहे थे। चेहरे पर एक विलक्षण तेज था। भक्तजन भी उनके इस दिव्य स्वरूप को देखने लगे।

इससे पहले कि निमाई वहीं गिर पड़ते, एक तेजस्वी संन्यासी ने आकर उन्हें सँभाल लिया। वह उन्हें बाँहों के घेरे में बाँधकर दूर ले गया। निमाई के चेहरे पर पानी के छींटे दिए गए तो वे सचेत हुए और पल भर में ही ईश्वरपुरीजी को पहचान लिया। नदिया में पहले भेंट जो हो चुकी थी।

उस शाम निमाई ने अपने हाथों से रसोई तैयार की और ईश्वरपुरी को भोजन करवाया। उनकी चरण-सेवा की और फिर नतमस्तक हो बोले, ''मुझे भी कृष्णभक्ति सिखा दें। मैं अकिंचन अब भी इसके लिए तड़प रहा हूँ।''

संन्यासी तनिक मुसकराए और नेत्र मूँदकर बोले, ''निमाई! कौतुक करते हो। आप तो स्वयं कृष्ण-स्वरूप हो। आप तो सबको भक्ति सिखाने

आए हैं। फिर भला मेरी क्या बिसात।''

''नहीं प्रभु! मुझे कृष्णमंत्र प्रदान करें।''

''मैं आपको मंत्र-दीक्षा कैसे दे सकता हूँ?''

''क्यों, मुझमें मंत्र ग्रहण करने की योग्यता नहीं है?''

''नहीं, ऐसा नहीं, प्रभु! मैं कायस्थ होकर एक कुलीन ब्राह्मण को मंत्र दीक्षा कैसे दूँ।'' ईश्वरपुरीजी ने कहा।

''नहीं! मंत्र की दीक्षा तो आपको ही देनी होगी। ईश्वर के दरबार में कोई जाति-पाँति या छोटा-बड़ा नहीं होता।''

उस दिन शुभ मुहूर्त में निमाई ने कृष्णमंत्र की दीक्षा पाई। अपने गुरुजी से उनकी यह अंतिम भेंट थी।

ईश्वरपुरीजी तो लौट गए, किंतु निमाई का मन गयाजी से बँध गया।

अब तो उनके जीवन में जैसे दो ही कार्य शेष रह गए थे। गुरुमंत्र का जाप व प्रभु के चरणों की छाप के दर्शन! कभी वे 'मेरे कृष्ण, मेरे कृष्ण' कहते बेहोश हो जाते तो कभी आँसुओं का ऐसा रेला उमड़ता कि भावातिरेकवश घंटों रोते रह जाते।

पूरी टोली के प्राण कंठागत थे। बातों-बातों में कई बार वापसी की चर्चा छिड़ी, पर निमाई इस ओर ध्यान ही न देते। मौसा को कहना ही पड़ा, ''चलो पुत्र! तीर्थ का कार्य संपन्न हुआ, अब लौट चलें।''

''नहीं मौसा जी! आप लोग जाएँ। मैं यहाँ से कहीं नहीं जाना चाहता।''

''पुत्र! माँ व बहू तुम्हारी राह देखती होंगी।''

''वे स्वयं को सँभाल लेंगी। मुझे तो यहीं रहने दें।''

''यदि तुम न माने तो मैं यहीं अनशन कर प्राण त्याग दूँगा। यदि खाली हाथ गया तो तुम्हारी माँ को क्या जवाब दूँगा। उन्होंने जिस विश्वास के साथ तुम्हें मेरे साथ भेजा था, उस विश्वास की तो लाज रख लो!''

मौसाजी ने कातर स्वर में कहा।

यह सुनकर निमाई ने जाने की हामी भर दी। सबने सामान समेटना आरंभ कर दिया। निमाई ने सीधे मंदिर की राह ली। वे विदाई के अंतिम क्षण तक उन मनोहारी पाद-चिह्नों को निरखना चाहते थे।

सारी पोटलियाँ बाँधने के बाद अचानक सबका ध्यान निमाई पंडित की ओर गया। कोई नहीं जानता था कि वे डेरे से कब निकले और कहाँ गए। मौसाजी को पता चला तो हँस दिए, ''घबराने की क्या बात है। भला निमाई कहाँ जाएगा?''

''समझ नहीं आता कि वे गए कहाँ?'' एक शिष्य ने कहा।

''प्रभु के चरण-चिह्नों के लिए उत्पन्न हुई प्रीति निभाने गया होगा।'' मौसाजी बोले।

यात्री दल मंदिर के द्वार पर पहुँचा तो सचमुच निमाई को वहीं पाया। उन्होंने चुपचाप निमाई का हाथ थामा और बाहर ले आए। प्रकट में तो निमाई कुछ न बोले, किंतु ऐसा जान पड़ता था कि उनके शरीर का रोम-रोम चक्षु बनकर उस पादशिला के दर्शन कर रहा हो।

राह में सभी यहाँ-वहाँ के किस्से-कहानियाँ कहते जा रहे थे, पर निमाई तो वहाँ होकर भी नहीं थे। कई घंटों बाद सुध लौटी तो उन्हें यथार्थ का बोध हुआ कि वे गया से मीलों दूर आ चुके हैं।

मौसाजी ने भरसक प्रयत्न किया कि निमाई का मन शांत हो जाए, किंतु उनके अंदर बसा चंचल बालक अब कृष्णभक्त हो चला था। उसे तो संसार में किसी से कोई लेना-देना ही नहीं था!

□

निमाई का भाव-परिवर्तन

शची माँ और विष्णुप्रिया ने निमाई के लौटने का समाचार पाया तो मुरझाए चेहरों पर मुसकान खेल गई। विष्णुप्रिया ने झट से घर-आँगन लीपकर रँगोली सजा दी। फिर रसोई में जा बैठीं व जतन से पकवान बनाने लगीं। निमाई को खाने में क्या पसंद है, यह सब तो और पहले ही शची माँ से जान चुकी थीं। आज पति के लिए स्वादिष्ट भोजन पकाने का अवसर मिला था। वे घंटों रसोई में लगी रहीं।

शची माँ द्वार पर नजरें लगाए बैठी थीं। दूर से राह में धूल उड़ती दिखी। कहीं से कनफूसियों में स्वर भी उभरे, ''निमाई की टोली लौट आई।''

विष्णुप्रिया भी झट से रसोई के किवाड़ की ओट में आ गईं। इतने दिन बाद पति का सलोना मुखड़ा देखने का लोभ सँवरण न कर सकीं। किंतु यह क्या? द्वार पर खड़े निमाई पंडित के चेहरे का वह लालित्य कहाँ गया! यहाँ तो एक अन्यमनस्क सा व्यक्ति खड़ा था, जिसे स्वयं पता नहीं था कि वह क्या कर रहा है या कहाँ जा रहा है।

शची माँ ने पुत्र की बलैया लीं और बक्से में रखा ताबीज निकाल लाईं। लोगों की भीड़ छँटी तो सोचा, निमाई को गंडा बाँध दें, पर जाने मन में क्या आया कि सबकुछ उठाकर दूर झटक दिया।

जैसे मन को किसी ने तसल्ली दे दी हो कि निमाई के लिए ये

बाह्य लौकिक उपाय किसी काम नहीं आनेवाले हैं। उन लोगों ने भी गया यात्रा का सारा वृत्तांत सुना। ईश्वरपुरी से भेंट और निमाई की मंत्रदीक्षा का भी समाचार मिला। सारा दिन आगंतुकों का मेला लगा रहा। टोली के दूसरे सदस्य जब लोगों को मंदिर के पाद-चिह्नों का विवरण दे रहे थे तो निमाई फिर से भावावेश में आ गए, ''कृष्ण! कहाँ हो तुम? मेरे प्यारे कृष्ण! मुझे स्वयं से दूर क्यों किया। अपने चरणों से प्रीति दिखाई और फिर दूर कर दिया।''

विष्णुप्रिया मन-ही-मन कृष्णमंत्र का जाप करने लगीं और शची माँ ने भी कीर्तन का आश्रय लिया। संकीर्तन धुन सुनते ही निमाई स्वस्थ हो उठे।

उस रात एकांत पाते ही निमाई ने विष्णुप्रिया से कहा, ''प्रिये! मेरे इस धार्मिक कार्य की पूर्णता का श्रेय तुम्हें ही जाता है।''

''नहीं, स्वामी, आप ऐसा क्यों कह रहे हैं?''

''हाँ, यदि तुम माँ की देखरेख का भार न सँभालतीं तो मैं इतना निश्‍चिंत होकर यात्रा न कर पाता।''

''और मेरी चिंता का भार।'' विष्णुप्रिया ने ठिठोली की।

''प्रिये! तुम्हारी चिंता कैसी? तुम तो सदैव मेरे साथ हो। हम तो दो देह एक प्राण हैं।''

पति के सुखालिंगन में बँधी विष्णुप्रिया मग्न हो रहीं। दैहिक संबंधों से परे इस आत्मानुभूति का आनंद ही अनूठा था। जिसे हम 'गूँगे का गुड़' कहते हैं। केवल चखनेवाला ही इसका स्वाद जान पाता है।

□

दिनचर्या आरंभ हुई। निमाई पंडित पाठशाला में पहुँचे। हमेशा की तरह कक्षा आरंभ हुई, किंतु आज छात्रों को पढ़ने में रस न आया। निमाई पंडित किसी भी प्रश्न का उत्तर सही तरीके से नहीं दे रहे थे। उनके हर उत्तर का सार यही निकलता कि प्रभु भक्ति ही सर्वोपरि है।

एक छात्र ने पूछा, "गुरुजी! सिद्धवर्ण सामान्नाय का क्या अर्थ है?"

"नारायण सारे वर्णों में सिद्ध वर्ण हैं।"

"वर्ण की सिद्धि कैसे कर सकते हैं?"

"कृष्ण के एक दृष्टिक्षेप से वर्ण सिद्ध हो जाते हैं।"

"गुरुजी! कृपया शास्त्रीय व्याख्या करें।" एक शिष्य ने कहा।

"यही तो शास्त्रों का सार है। श्रीकृष्ण की भक्ति सबसे ऊपर है।"

"हमें तो शास्त्रीय व्याख्या दें, गुरुजी।" शिष्यों ने आग्रह किया।

किंतु उनके आग्रह को सुननेवाला अब वहाँ कहाँ था? निमाई पंडित तो कृष्ण का नाम लेते ही भावविभोर हो गए और कृष्ण का भजन करने लगे।

शिष्य बेचारे क्या करते। मुँह बाए बैठे रह गए। यह घटना किसी एक दिन की होती तो भी ठीक था, पर यह तो जैसे रोज का किस्सा हो गया। कक्षा में निमाई पढ़ाते-पढ़ाते तालियाँ बजाकर कीर्तन करने लगते, नाचने लगते।

पूरे गाँव में खबर फैल गई। लोगों की पहली प्रतिक्रिया तो यही रही कि निमाई पगला गया है। शिष्य भी कब तक अलंकार व व्याकरण का ज्ञान भुलाकर कृष्ण का प्रवचन सुनते। लोग उपालंभ देने लगे। विश्वंभर उर्फ निमाई को कुछ और सूझता ही नहीं था। धीरे-धीरे टोल बंद कर देने की नौबत आ गई।

स्वत: निमाई ने छात्रों के आगे विनती की कि वे कहीं और जाकर शिक्षा ग्रहण करें। छात्रों ने दुखी मन से अपने प्रिय गुरु से विदा ली।

निमाई के अध्यापक गंगादास घर आए, तो उन्हें समझाना चाहा।

"पुत्र निमाई! तुम तो एक निष्ठावान ब्राह्मण की संतान हो। अध्ययन-अध्यापन छोड़कर कृष्ण के नाम की रट क्यों लगाए घूमते हो? छात्रों को पढ़ाओ। अपने कर्म पर चलो।"

"गुरुजी! मेरा तो अपने मन पर वश नहीं रहा। यदि मैं कृष्णभक्ति में रमा रहा और छात्रों को भी न पढ़ा सका तो यह उनके प्रति अन्याय होगा। तभी मैं चाहता हूँ कि उन्हें कहीं और भेजा जाए।

"आप मुझे आशीर्वाद दें कि मैं पांडित्य के इस खोखले आडंबर से परे जाकर अपना इच्छित साध्य पा सकूँ।" निमाई नतमस्तक हो बोले।

गंगादासजी तो निमाई को समझाने आए थे किंतु जाने कैसे काँपते हाथों से निमाई के मस्तक पर हाथ रखा और मुख से शब्द निकल पड़े, "ऐसा ही होगा, पुत्र गौरांग!"

□

चंडीमंडप की टोल बंद हो गई। निमाई के इस पागलपन का समाचार नदिया के वैष्णव समुदाय तक पहुँचा तो उनके आनंद का पारावार न रहा। अद्वैताचार्य, श्रीवास, मुकुंद, दामोदर, मुरारी, श्रीधर आदि बालमित्रों ने इस शुभ संवाद को पाया और मुदित हो उठे। उन्होंने निमाई के भीतर छिपे परम वैष्णव को पहचान लिया था।

ज्ञानियों के बीच में वैष्णव मंडली को तिरस्कृत किया जाता था। पंडितों का कहना था कि वे अथानी लोग मृदंग, करताल बजाकर प्रभु भक्ति का ढोंग रचते हैं। अब निमाई भी इस अपूर्व भक्तमंडली का एक हिस्सा थे। किसी ने इच्छा से, किसी ने अनिच्छा से, किसी ने ईर्ष्या से, किसी ने खेद से तो किसी ने उत्साह से स्वीकारा कि निमाई पंडित का भाव-परिवर्तन हो गया है। वे अब कृष्ण की भक्तिमाधुरी के रसिया हो चले हैं।

□

वैष्णव समुदाय में निमाई की कीर्ति

निमाई पंडित की काया एक दिव्य-ज्योति से प्रदीप्त रहने लगी। वैष्णवजन के साथ भगवद्‌चर्चा कर निमाई के प्राण जुड़ गए। उनके शरीर में शांत भाव भी उत्पन्न होने लगा, जिसे देख शची माँ ने चैन की साँस ली।

यद्यपि शची माँ को निमाई की संतान देख पाने की इच्छा अब भी मिटी नहीं थी। वे विष्णुप्रिया को संकेतों में समझातीं कि वे पति को रिझाएँ, किंतु विष्णुप्रिया ऐसे व्यक्ति को कैसे रिझातीं, जो पहले से ही कृष्ण पर रीझा हुआ है।

ऐसा नहीं कि पति-पत्नी के बीच स्नेह के सूत्र नहीं थे। दोनों के बीच आकर्षण तो था किंतु निमाई का पत्नी के प्रति आकर्षण, किसी दूने बड़े आकर्षण का निमित्त मात्र था। जिस प्रकार हरिप्रिया अपने गौर को भजती थीं, उसी तरह गौरहरि अपने कृष्ण को भजते थे। दोनों ही अपनी-अपनी भक्ति में मग्न थे। विष्णुप्रिया ने तो पति को ही परमगुरु मान लिया था।

उनकी जैसी सौभाग्यशाली स्त्री कौन, जिसे पति के रूप में ही परमात्मा मिल गए हों। पति तो अपने प्रिय के विरह में आँसू भी बहा लेते थे, किंतु हरिप्रिया के लिए तो यह भी संभव नहीं था। कोई कुलवधू आठों पहर रोकर अपने घर के लिए अमंगल कैसे न्योत सकती है।

निमाई तो फिर भी रोकर जी हल्का कर लेते थे। हरिप्रिया का आंतरिक संताप तो कभी घटता ही नहीं था। सासुमाँ की प्रश्नसूचक निगाहों के अतिरिक्त गाँव की अन्य स्त्रियाँ भी उन्हें सहानुभूतिपूर्वक नजरों से देखने लगी थीं। प्रायः स्नेह की चाशनी में लपेट कर कटूक्तियाँ भी कही जातीं, जिन्हें हरिप्रिया चुपचाप पी जातीं।

चुपचाप गृहस्थी के सभी कामकाज सँभालती विष्णुप्रिया के लिए वे ही परम आनंद के क्षण होते, जब निमाई उनके कक्ष में आते और वे उनके तलवों पर तेल से मालिश करतीं।

दिन भर जाने कहाँ-कहाँ कीर्तन करते घूमते। शरीर थक-टूट जाता और चेहरे पर क्लांति होती, किंतु मन के भीतर उमड़ता उल्लास नींद में भी नहीं छिपता था। वे देर रात तक पति की चरणसेवा करतीं। यदि किसी को गृहस्थ के घर का यह दृश्य देखने को अवसर मिलता तो ऐसा ही जान पड़ता मानो साक्षात् लक्ष्मी ही विष्णु के युगल चरण दाब रही हों।

अब श्रीवास का घर कीर्तन का केंद्र बन गया। झाँझ, मंजीरे, मृदंग व करताल के स्वरों के बीच वैष्णव भक्त झूम-झूम कर कीर्तन करते। उसके घर श्रीमद्‌भागवत सप्ताह का आयोजन हुआ। शची माँ भी प्रतिदिन वहाँ जाती थीं। पूर्णाहुति वाले दिन गौरहरि ने बावलों की तरह कीर्तन किया और मग्न होकर नाचे। भक्तों को ऐसा लगा, मानो साक्षात् प्रभु ही उनके बीच विराजे हों।

श्रीवास ने तो जैसे पूर्णाहुति का फल पा लिया। उन्होंने इष्टदेव के लिए बनाया पुष्पहार गौरहरि को पहना दिया। गौरहरि उर्फ गौरांग अब भक्तों के लिए महाप्रभु हो गए थे। कोई स्नेह से निमाई कहता तो कोई गौरहरि, किसी के मुख पर गौरांग सोहता तो कोई निमाई पंडित बुलाता। नवद्वीप में भक्ति की प्रबल तरंगें हिलोरें लेने लगीं।

पूरे नवद्वीप में हरि-संकीर्तन का जोर था। श्रीवास तो परम चैतन्य

को पाकर फूले नहीं समाते थे। निमाई का बावलापन बढ़ता ही जाता था। कहते हैं कि एक दिन जोर-जोर से रोते हुए कृष्ण को खोजने लगे। एक भक्त ने कहा, "कृष्ण आपसे दूर कहाँ? वे तो आपके ही हृदय में विराजे हैं।"

"मेरे हृदय में कहाँ हैं? मुझे क्यों नहीं दिखते?" कहकर निमाई नखों से अपनी ही छाती खुरचने लगे। उस दिन गदाधर ने न रोका होता तो वे स्वयं को चोट पहुँचा लेते। फिर निमाई को सृष्टि की प्रत्येक वस्तु में कृष्ण दिखने लगे। लोगों को उनके दिव्य रूप में साक्षात् कृष्ण के दर्शन होते थे। वे अपना अधिकांश समय निमाई के साथ व्यतीत करने के इच्छुक रहने लगे।

आनेवाले समय में प्रभुपाद नित्यानंद का आगमन हुआ। ठाकुर हरिदास की घटना ने लोगों के दिल में व्याप्त भय व जड़ता को ठेस लगाई और इस तरह अलग-अलग घटनाएँ एक महान् धर्म के प्रचार-प्रसार की पृष्ठभूमि बनती चली गईं।

निमाई का वैष्णव समुदाय नगर में कीर्ति पाने लगा था। अब अपने पांडित्य का ढिंढोरा पीटनेवाले दंभी पंडित उनके सामने कुछ नहीं बोल पाते थे। श्रीवास की कीर्तनमंडली के लिए निमाई साक्षात् प्रभु ही थे। भाव में मग्न निमाई ने एक दिन ठाकुर मंडप की देवमूर्तियाँ हटा दीं और बोले, "मेरा अभिषेक करो।"

कभी उनमें नरसिंह का आवेश आता तो कभी वराह का। जब सुध आती तो उन्हें स्मरण भी न होता कि उन्होंने सबसे कहा क्या था। हरि संकीर्तन मंडली के विषय में तरह-तरह की अफवाहें भी फैलने लगी थीं। जब किसी की सुकीर्ति फैलती है तो ईर्ष्या की बात आते भी देर नहीं लगती। चैतन्य महाप्रभु इन सब बातों से बेखबर अपने ही भावरस में मग्न थे।

□

निमाई और निताई की भेंट

फिर आए नित्यानंद उपाख्य निताई। उन दिनों निमाई भावावेश में आकर कई ऐसी बातें भी कह जाते, जो भावी का संकेत देतीं। एक दिन बोले—

"महापुरुष आनेवाले हैं, स्वागत की तैयारी करो।"

"कौन आनेवाले हैं?"

"अरे, वे तो आ ही गए।"

शची माँ को संदेश भेजा गया कि एक संन्यासी भी गौर के साथ भोजन पाएँगे। विष्णुप्रिया ने झट से रसोई की व्यवस्था सँभाली। शची माँ अतिथि के लिए आसन तथा जरूरी सामान का प्रबंध करने लगीं।

थोड़ी ही देर में संदेश मिला कि नित्यानंद जी आ गए। गौरहरि के साथ उनके लिए भी भोजन परोसा गया। सत्ताईस-अट्ठाईस वर्ष की आयु, गोरा व तेजस्वी संन्यासी, सिर घुटा हुआ। शची माँ जैसे वात्सल्य के भावसागर में गोते लगाने लगीं।

उनका पुत्र इस संसार में जहाँ भी होगा, लगभग ऐसा ही दिखता होगा, क्योंकि सुनते हैं कि वह भी संन्यासी हो गया है। नित्यानंद ने चरणस्पर्श किए तो शची माँ को लगा कि विश्वरूप ही सामने खड़ा हो। उन्होंने मस्तक स्पर्श कर हाथ चूमा, फिर बोलीं, "दीर्घायु भव! मेरे निमाई के सदा सहाई रहना। नित्यानंद के लिए माँ-बेटे का ऐसा स्नेह

प्रदर्शन आश्चर्य का विषय था।

निमाई को भी ऐसा ही लग रहा था कि उनके बड़े भाई आ गए हों। उन्होंने ही पहले मन की बात कही, ''माँ! ऐसा लगता है न कि भइया लौट आए।''

शची माँ की आँखें छलछला आईं, ''हाँ रे, मैं तो स्वयं यही कहना चाहती थी, परंतु संकोचवश कह नहीं पाई।''

पीछे खड़े वंदनाचार्य बोले, ''बहुत अच्छे! नित्यानंदजी को उनके गाँव में 'निताई' कहकर ही संबोधित किया जाता है। ठीक ही तो है, निमाई का भाई निताई!''

तब उन्होंने नित्यानंदजी के विषय में बताया कि वे छाडाई ओझा और पद्मावती देवी के पुत्र हैं। पिता साधु-संतों के स्वागत में कोई कसर नहीं छोड़ते। एक दिन उनके द्वार पर एक विलक्षण संन्यासी पधारे और दो दिन तक वहीं रहे। जाते समय उन्होंने पूछा, ''पंडितजी! क्या आपसे एक भिक्षा माँग सकता हूँ?''

संन्यासी के मुख से यह सुनकर पंडितजी बोले, ''आप जो भी कहें, मैं सहर्ष अर्पित करूँगा। यदि आप प्राण भी माँगेंगे तो उसे देना भी अपना सौभाग्य जानूँगा।''

''नहीं विप्रवर! मुझे तो कुछ ऐसा चाहिए, जो आपको प्राणों से भी प्रिय हो।''

पंडितजी क्षण भर को चौंके, किंतु फिर प्रसन्न मुख से बोले, ''आज्ञा करें!''

''मुझे आपका पुत्र निताई चाहिए। यह तेजस्वी बालक मेरी चारों दिशाओं की यात्रा का साथी होगा। यह विलक्षण प्रतिभावान किशोर भावी महापुरुष होने के सभी संकेत दरशा रहा है।''

पंडितजी को काटो तो खून नहीं। माता पद्मावती की भी यही दशा थी। हजारों मन्नतें माँगकर जो पुत्र मिला हो, उसे किसी राह चलते

संन्यासी को भिक्षा के नाम पर दे देना, भला यह संभव था।

द्वार पर वह युवा संन्यासी झोली पसारे खड़ा था और पंडितजी धर्मसंकट में थे। एक ओर पुत्रमोह तो दूसरी ओर वचन पालन की मर्यादा!

उन्होंने पत्नी से एक भी शब्द नहीं कहा। जानते थे कि पुत्र के विरह से कातर माँ के मन को किसी भी तरह सांत्वना नहीं मिलेगी। उन्होंने बिलखती पत्नी का हाथ निताई के मस्तक पर रखवाया और स्वयं बारह वर्षीय पुत्र निताई को आशीर्वाद देकर संन्यासी के साथ कर दिया।

उस संन्यासी ने बालक के साथ चारों धामों की यात्रा की। वृंदावन पहुँचकर उसने निताई से कहा, "जा! अपना कार्य कर।"

"कैसा कार्य, कौन सा कार्य?" इससे पहले कि निताई उनसे कुछ पूछ पाते, वह संन्यासी कहाँ ओझल हो गए, पता न चला। तब से निताई अर्थात् नित्यानंद अवधूत अलग-अलग स्थानों पर घूमते-फिरते हैं। संभवत: वे संन्यासी द्वारा कहे गए कार्य को खोजते हैं।

निताई को वृंदावन में ईश्वरपुरीजी ने कहा था, "श्रीकृष्ण अब यहाँ कहाँ? वे तो नदिया में रह रहे हैं।"

निताई उसी कृष्ण की तलाश में नदिया आ पहुँचे थे। नि:संदेह गौरांग प्रभु ने उन्हें पहचाना और स्वागत कर अपने घर लिवा लाए, भोजन कराया किंतु क्या यह व्यक्ति सचमुच कृष्ण का अवतार है।

यद्यपि निताई जब-जब निमाई की आँखों की ओर देखते तो कई भूले-बिसरे चित्र से साकार होने लगते। ऐसा लगता कि वे तो जन्मों-जन्मों से बंधु हैं। केवल रूप बदलकर इस युग में आए हैं।

वैसे नित्यानंद जी विश्वरूप से भी पूर्व परिचित थे। विश्वरूप स्वामी शंकटारण्य नाम से जाने जाते थे। निताई ने प्रीतिवश उनसे उनके माता-पिता का नाम, पता जान लिया था। अब नदिया आकर उन्हें पता

चला कि वे तो निमाई के ही बड़े भाई हैं।

निताई ने निमाई को पूरा ध्यान केंद्रित कर देखा तो ऐसा लगा कि वे उन्हें अपनी ओर खींच रहे हैं। धीरे-धीरे निताई-निमाई का नाम एक साथ लिया जाने लगा। जब कभी निमाई भावावेश में आते तो निताई को 'बलराम' कहकर संबोधित करते। उस नाते वे दोनों कृष्ण-बलराम ही तो थे।

वैष्णवमंडली ने निताई के रूप में एक अनन्य नेता पाया। उन्हें वे प्रभु के बड़े भाई बलराम के रूप में ही मानते हैं। नित्यानंद ने समाज में निम्न स्थान पानेवाले शूद्रों व पददलितों को वैष्णव बनाया। विगत बौद्धधर्मियों को वैष्णव धर्म में अंगीकार किया। निमाई प्रभु के दाएँ हाथ के रूप में विख्यात निताई ने आजीवन उनकी आज्ञाओं का अक्षरश: पालन किया।

नित्यानंदजी के आगमन के कुछ दिन बाद ही व्यास पूर्णिमा आई। निमाई ने श्रीवास से कहा, "इच्छा है कि व्यासपूजा का पर्व तुम्हारे यहाँ संपन्न हो। तुम तो जानते ही हो कि इसका संन्यासियों के लिए कितना महत्त्व होता है। निताई ही इसे करवाएँगे।"

श्रीवास के भवन में अलौकिक समारोह का प्रबंध हुआ। निमाई-निताई ने भावविभोर होकर भजन-कीर्तन किया। सारी मंडली प्रभुप्रेम-रस में मग्न थी। निताई ने शास्त्रीय विधि से पूजन आरंभ किया। उनकी आँखों से प्रेमाश्रु बह रहे थे।

आँखें खोलीं और भावावेश में आकर निमाई को ही आदिगुरु व्यास मानकर माला अर्पित कर दी। फिर वे मूर्च्छित हो गए।

निमाई उनके शरीर पर हाथ फेरकर बोले, "नित्यानंदजी! उठिए, संकीर्तन कीजिए। जीवों को प्रेमदान दो और समुदाय-वासना की पूर्ति होने दो।"

निताई को लगा कि निमाई ही उन्हें षड्भुजरूप में दर्शन दे रहे हैं।

'श्री श्री चैतन्य भागवत' में जीवनीकार ने इस घटना के विषय में लिखा है— ''चैतन्य प्रभु निमाई से बोले—'नित्यानंद, मेरी बात सुनो! माला अर्पण करके शीघ्र व्यास की पूजा कर डालो।' श्री नित्यानंद ने प्रभु विश्वंभर को देखा व माला उठाकर उनके मस्तक पर अर्पण कर दी। श्रीव्यास जिनके अंशावतार हैं, उन मूल तत्त्व पर माला समर्पित करके श्री नित्यानंद की व्यासपूजा का समाधान हुआ।''

प्रभु की घुँघराली अलकावलि पर जैसे ही माला अतिशय सुशोभित हुई कि उसी क्षण विश्वंभर षड्भुज हो गए। प्रभु की छह भुजाओं में शंख, चक्र, गदा, पद्म, हल व मूसल को देखकर विह्वल नित्यानंद मूर्च्छित हो संज्ञाशून्य हो गए। यह देख सब वैष्णवजन भयभीत हो गए और 'हे कृष्ण! रक्षा करो!' कहकर भगवान् का स्मरण करने लगे।''

उस दिन से निताई जैसे निमाई के ही एक अभिन्न रूप हो गए। वे कहते हैं—

नित्यानंद स्वरूपेर सह बाल-मन।
चैतन्य ईश्वर, मुँजि तार एक जन॥
अहर्निश श्रीमुखे नाटिक अन्य कथा।
मुँजि तार, सेह मोर ईश्वर सर्वथा॥
चैतन्येर संगे में मोहारे स्तुति करे।
सेह से मोहार नृत्य, पाइवेक मोरे॥
आपने करियाछेन षड्भुज दर्शन।
तार प्रीते कहि ता न ए सन कथन॥

(श्री नित्यानंद प्रभु मन व वाणी से श्रीचैतन्यदेव को अपना प्रभु समझते हैं एवं अपने को उनका एकजन दास विशेष मानते हैं। उनके मुख में यह वाक्य सदा वर्तमान रहता है कि भगवान् मेरे हैं और मैं भगवान् का हूँ। उसमें अन्य किसी बात के लिए कोई स्थान नहीं है। चैतन्य प्रभु मेरे हैं और मैं उनका सेवक हूँ—इस प्रकार की स्तुति जिसके

मुख से सुनने में आएगी, वही मेरा वास्तविक अनुगत भृत्य है। वही मुझको सेव्य रूप से प्राप्त करेगा। ग्रंथकार कहते हैं—श्रीनित्यानंद प्रभु ने श्रीगौरसुंदर के षड्भुज स्वरूप के दर्शन किए थे। उनकी उसी लीला का वर्णन करने से नित्यानंद प्रसन्न होंगे।)

□

विष्णु रूप निमाई

श्रीवास का घर इतने पावन महापुरुषों के आगमन से पवित्र हो गया था। वहाँ दिन-रात हरि का भजन होता, किंतु कहते हैं न कि ईश्वर-विमुख जन भी अपनी करनी से बाज नहीं आते। श्रीवास की सास भी उसी घर में रहती थी, किंतु सांसारिक विषयों में लिप्त वृद्धा का प्रभु-भजन से कोई लेना-देना नहीं था।

उसे तो सदा यही लगता था कि उसके जमाई के पैर गलत दिशा में जा रहे हैं। यदि उसे रोका न गया तो किसी दिन वह घर-गृहस्थी लुटाकर संसार-त्यागी हो जाएगा। ऐसे में उसकी पुत्री और परिवार का पालन कौन करेगा। वह प्राय: चार लोगों के बीच वैष्णव भजनमंडली के नाम विष उगलती रहती, अत: जब निमाई वहाँ आते तो वृद्ध सास को दूसरे स्थान पर भेज दिया जाता।

इस बात से तो उस वृद्धा को और भी कौतूहल होता था कि वे लोग रात को कौन सा गोपनीय पूजा-अनुष्ठान रचते हैं। वैसे भी श्रीवास का घर अफवाहों का केंद्र बना हुआ था। कुछ दिन पहले ही एक आलोचक ने उनके घर के सामने केले के पत्ते पर अक्षत, दूर्वा, लाल जवाकुसुम तथा शराब की हाँड़ी रख दी, ताकि देखने पर लगे कि पिछली रात उनके यहाँ किसी तांत्रिक-कापालिक का अनुष्ठान हुआ था। श्रीवास ने कोई प्रतिकार न करते हुए चुपचाप उस सामग्री को वहाँ से हटवा दिया था।

उस रात वृद्धा को दूसरे घर में जाने के लिए कहा गया तो वह सबके सामने चली तो गई, किंतु बाद में चोरी से लौटी और स्वयं को कपड़ों-बिस्तरों से ढाँपकर कमरे के कोने में जा छिपी।

उचित समय पर भक्तों का कीर्तन आरंभ हुआ, किंतु लाख कोशिश करने पर भी भाव उभर ही नहीं रहे थे। कीर्तन के शब्द खोखला आडंबर मात्र लग रहे थे। गौरांग प्रभु बोले, ''निश्चित रूप से यहाँ कोई अभक्त विद्यमान है, जो प्रभु पर कोई आस्था नहीं रखता और जो केवल हमारी परीक्षा की दृष्टि से छिपा हुआ है।''

थोड़ी सी खोजबीन के बाद ही श्रीवास की सास मिल गई। उसे दूसरे घर भेजा गया तो कीर्तनमंडली का रंग जमा। धीरे-धीरे यह मंडली नगर के दूसरे मुहल्लों में भी पहचानी जाने लगी। अब मंडली का साधन-भजन श्रीवास के आँगन तक ही सीमित न रहा। लोग इसकी ओर आकृष्ट होने लगे थे।

□

विष्णुप्रिया अपनी गृहस्थी के कर्तव्यों को निभाने में मग्न थीं। निमाई अब घर में बहुत कम समय बिताते थे। प्राय: उनका भोजन भी कहीं बाहर ही हो जाता था। शची माँ भोजन के समय थाल अगोरे बैठी रहतीं, पर पुत्र को अपने खान-पान की सुध कहाँ थी!

एक दिन विष्णुप्रिया की सखी वैष्णवी कांचना ने घर का द्वार खटखटाया। वह मथुरा-वृंदावन की यात्रा से दो-तीन दिन पहले ही लौटी थी। इस बीच उसकी सखी के पति निमाई पंडित से गौरांग प्रभु हो गए और इतनी नई घटनाएँ घटीं कि वह सखी से भेंट का कौतूहल सँवरण न कर सकी।

तीर्थयात्रा से लाया प्रसाद व गंगाजली शची माँ को सौंप दोनों सखियों ने सुख-दुख के पन्नों से रची रामायण खोल दी।

''विष्णुप्रिया! कैसी हो? सुना है, गौरांग प्रभु का डंका पूरे नदिया

में बज रहा है।'' कांचना ने पूछा।

''हाँ दीदी, अब तो उनका वैष्णव स्वरूप अपने अलौकिक तेज के साथ प्रकट होता जा रहा है। निताई-निमाई की टोली सबकी चर्चा का विषय है।''

''तो तू खुश तो है न?'' कांचना पूछ बैठी।

''हाँ-हाँ! भला मुझसे अधिक सौभाग्यवती और कौन होगी? प्रभु के मार्गदर्शन पर चलकर अपना जीवन सार्थक कर रही हूँ।''

''अच्छा, यह कौन सा ग्रंथ पढ़ रही है?'' कांचना ने बिस्तर के समीप पड़ा ग्रंथ देखकर पूछा।

''दीदी! यह तो भगवद्गीता है।'' विष्णुप्रिया बोली।

''भगवद्गीता पढ़ रही हो?''

''हाँ, वे कहते हैं कि मुझे इसे अवश्य पढ़ना चाहिए।''

''किंतु यह तो कठिन है न?''

''कठिन तो है किंतु जहाँ कुछ समझ नहीं आता, प्रभु स्वयं समझा देते हैं।''

''अच्छा! तो पति से ऐसे मिलन का समय कब मिलता है?'' कांचना ने पूछा।

''वे देर रात को लौटते हैं। यदि भोजन न किया हो तो प्रसाद पास में होता है। हम दोनों प्रसाद लेकर, अध्ययन-अध्यापन में मन रमाते हैं।''

कांचना ने आश्चर्य से पूछा, ''क्या सचमुच? तो तू एकबारगी शिष्या ही बन बैठी?''

''हाँ दीदी! जब वे बहुत क्लांत दिखते हैं तो मैं आग्रह करके चरणसेवा करने की अनुमति ले लेती हूँ। वे लेट-लेटे मेरी जिज्ञासाओं का उत्तर देते जाते हैं।''

''अच्छा?'' जैसे कांचना को अब भी विश्वास नहीं हो रहा था।

''देखो न, कल रात ही प्रभु ने मुझे इस श्लोक का अर्थ समझाया।''

विष्णुप्रिया ने भगवद्गीता के बीच रखे पत्ते के सूखे चिह्न को हटाकर दिखाया—

ये यथा मां प्रपद्यते तांस्त थैव झजायन्हम।
मम वर्त्मानुवर्तन्ते मनुष्या: पार्थ सर्वश:॥

विष्णुप्रिया की बात खत्म होने पर कांचना ने फिर से पूछा, "अच्छा, कब समझा इसका अर्थ?"

"कल रात।" विष्णुप्रिया बोलीं।

कांचना के चेहरे पर विचित्र से भाव थे। वह कुछ कहना तो चाह रही थी, पर सही शब्द न मिल पाने की व्याकुलता चेहरे पर साफ झलक रही थी।

विष्णुप्रिया ने उसे गुड़ और चिउड़ा खाने को दिया, फिर बोली, "ऐसा लगता है दीदी, कि आप कुछ कहना चाहती हैं, पर संकोचवश कह नहीं पा रहीं।"

कांचना ने कहा, "हाँ सखी! बात तो यही है। तुम कहती हो कि गौरांग प्रभु ने तुम्हें कल रात उक्त श्लोक का अर्थ समझाया, किंतु कल सारी रात तो वे श्रीवास के घर भजन कर रहे थे। मैंने स्वयं उन्हें सुबह के समय घर लौटते देखा।"

अब कुछ समय के लिए विष्णुप्रिया के मौन हो जाने की बारी थी। थोड़ी देर बाद बोलीं, "इसमें आश्चर्य कैसा! उनके लिए एक ही समय में विभिन्न स्थानों पर होना कोई बड़ी बात नहीं है। श्रीकृष्ण भी तो कहते हैं न कि भक्त जिस रूप में मेरा स्मरण करता है, मैं उसी रूप में उसके सामने उपस्थित हो जाता हूँ।"

कांचना वैष्णवी विष्णुप्रिया के इस मनोहारी रूप की साक्षी थी। जिस कृष्ण को वह तीर्थों में खोजती भटक रही थी, उसे तो उसकी सखी ने घर बैठे ही पा लिया था।

□

हरिदास की सेवा-शुश्रूषा

शची माँ का शरीर कमजोर हो चला था। अब वे अधिक परिश्रम नहीं कर पाती थीं, इसलिए विष्णुप्रिया ही घाट से पानी की कलसी माँज-धोकर भर लातीं। उस दिन वे घर लौटीं तो देखा कि आँगन में एक व्यक्ति बेसुध पड़ा है और आसपास खड़े लोग उसे होश में लाने के लिए नाना उपाय सुझा रहे हैं।

विष्णुप्रिया ने घूँघट काढ़ा, कलसी रसोई में रखी और ओट में हो गईं। इतने में शची माँ का स्वर सुनाई दिया, ''बिटिया! इन्हें होश आ गया। जरा कटोरे में गरम दूध ले आ।''

वे गरम दूध का कटोरा लेकर गईं तो देखा कि पति उन महात्मा के माथे पर चंदन का लेप कर रहे हैं। उस व्यक्ति ने होश में आते ही फिर से हरिनाम जपना आरंभ कर दिया। लगा कि वही नाम जपते-जपते वे संज्ञाशून्य हुए होंगे।

निमाई ने उन्हें सहारा देकर गरम दूध पिलाया। पूरे शरीर पर बेंतों के निशान उभरे थे। कहीं-कहीं खून भी छलछला रहा था। शची माँ कटोरी में मरहम बना लाईं। गौरांग प्रभु ने उनके घावों पर मरहम लगाया और बोले, ''हरिदासजी! आप विश्राम करें। मैं कीर्तन से लौटकर आपसे मिलता हूँ।''

''आप कौन है?''

"मैं वैष्णव भक्त गौरांग हूँ।"

हरिदास एक झटके से उठ बैठे तथा गौरांग के चरणों में लोट गए।

"हे प्रभु! आपने दर्शन दिए। मैं धन्य हो गया। काजी ने मुझे दंड नहीं वरदान दिया। उसने तो मुझे आप तक पहुँचा दिया। वह हमारी भेंट का निमित्त बन गया।

तभी अन्य वैष्णव भक्त भी वहाँ आ पहुँचे। श्रीवास बोले, "प्रभु! वहाँ सभी आपकी प्रतीक्षा में हैं।"

"अच्छा! लौटकर आपसे भेंट होगी। आपकी पूरी देह रक्तरंजित है।" गौरहरि बोले।

गौरहरि जाने को हुए तो हरिदासजी भी उठ खड़े हुए।

"मैं भी साथ चलूँगा।" वे बोले।

वहाँ उपस्थित जन हैरान रह गए। जो व्यक्ति कुछ समय पहले संज्ञाशून्य था, वही कितने उत्साह से कीर्तन में जाने को तत्पर हो गया। पहले तो प्रभु ने मना किया, किंतु वे हरिदास के आग्रह पर उसे भी साथ ले गए।

विष्णुप्रिया आसपास खड़े लोगों की बतकहियों से केवल इतना ही जान पाईं कि उन महात्मा को काजी ने बेंतों की मार से अधमरा कर दिया था। गौरांग प्रभु उन्हें घर ले आए तथा उन्हें होश में लाकर स्वस्थ किया।

देखते-ही-देखते जिज्ञासु लोगों का रेला ओझल हो गया। शची माँ बाड़ी से आई सब्जी काटने लगीं और विष्णुप्रिया पति के कमरे की साफ-सफाई करने लगीं।

उनका कक्ष चंदन की महक से गमक रहा था। पहले जिस कोने में निमाई पंडित के बड़े-बड़े ग्रंथ रखे दिखते थे, अब उन्हीं ग्रंथों के समीप मृदंग, करताल व चिमटे आदि के लिए भी स्थान बन गया था। ऐसा लगता था मानो मथुरा-वृंदावन के किसी पावन मंदिर में आ गए हों।

विष्णुप्रिया पति का उत्तरीय झाड़कर तहाने लगी तो जाने क्या सूझी कि उसे ही देह से लिपटा लिया। बिल्कुल वही सुगंध, जब पति उसे आलिंगन में बाँधते थे तो यही गंध चारों ओर फैल जाती थी। बड़ी देर तक वे उस स्व-रचित स्वप्नलोक में विचरती रहीं। कभी लगता कि वे विष्णुपत्नी लक्ष्मी की भाँति पति की चरणसेवा कर रही हैं तो कभी लगता कि प्रभु उनका हाथ थामे कौन-कौन से दिव्य लोकों का दर्शन करवा रहे हैं। कभी वे उनका हाथ थामे घर में पहली बार प्रवेश करते दिखते तो कभी ग्रंथों के पारायण के बीच कठिन शब्दों का अर्थ समझाते दिखाई देते।

"विष्णुप्रिया बहू! कहाँ हो बिटिया?" शची माँ के स्वर से उनकी खोई तंद्रा लौटी। रात के लिए भोजन भी बनाना था। उन्होंने जतन से दो तरह की सब्जियाँ, दाल व भात बनाया। भोजन का समय बीतता जा रहा था किंतु गौरहरि अभी तक लौटे नहीं थे। जब समय अधिक होने लगा तो उन्होंने मनुहार कर माँ को भोजन करवा दिया। यदि भोजन समय पर न हो तो शची माँ को बहुत कष्ट होता है। उनकी वृद्ध देह उसे हजम नहीं कर पाती। उन्होंने बहू से कहा, "तुम भी कब तक बाट देखोगी? खाना खा लो। संभवतः गौरहरि तो खाकर ही आए।"

विष्णुप्रिया ने प्रत्यक्ष में तो हामी भर दी। किंतु कहने वाली शची माँ और हामी देनेवाली, दोनों ही जानती थीं कि गौरहरि के आने से पहले किसी भी दशा में विष्णुप्रिया का भोजन नहीं होगा।

विष्णुप्रिया ने शची माँ के पैरों में तेल की मालिश करके उन्हें चादर ओढ़ा दी। रात गहराने लगी तो वे अपने कमरे में दीये की लौ तेज कर गीता पढ़ने लगीं।

कुछ ही देर में आँख लग गई। नींद-नींद में ही ऐसा लगा कि वे वन में खड़ी हैं। कदंब वृक्ष के तले कान्हा ने मुरली की मधुर तान छेड़ रखी है और उनके शरीर से चंदन के अंगराग की गंध आ रही है।

अचानक चौंककर उठीं तो देखा, प्रभु आ गए थे। वे उनकी गोद में खुली पुस्तक सहेज रहे थे। संभवतः उनके शरीर से आती चंदन की सुगंध निंद्रा में भी छल रही थी।

उनके बारंबार मना करने पर भी विष्णुप्रिया कमरे में ही खाना गरम करके ले आईं। उस रात पति-पत्नी ने एक साथ भोजन किया। गौरांग प्रभु ने भोजन के बाद गुड़ का टुकड़ा मुँह में रखा और तकिए की टेक लेकर बैठ गए। विष्णुप्रिया झट से रसोई समेट आईं। उनके पास पति से भेंट के यही तो क्षण होते थे। इन क्षणों को व्यर्थ करना उन्हें बिल्कुल पसंद नहीं था।

दुपहर की अधूरी जिज्ञासा पल भर में मुखर हो उठी, ''स्वामी! वे कौन थे, जो हमारे घर में अचेत पड़े थे?''

गौरांग प्रभु ने हरिदास को स्मरण कर माथे से हाथ टेक दिए।

''वैष्णव भक्त को मेरा प्रणाम!''

फिर बोले, ''विष्णुप्रिये! फुलिया गाँव के महात्मा हरिदास सुबह हमारी कुटिया में अचेत पड़े थे। उन्हें दुष्ट काजी के लोगों ने निर्दयता से पीटा और अधमरा जानकर गंगा में फेंक दिया।''

''हे हरि!'' विष्णुप्रिया के मुख से निकला।

''स्वामी! उनका अपराध क्या था?''

''अपराध''? यही अपराध था कि वे परम वैष्णव भाव से हरिकीर्तन करते हैं, किंतु उनके माता-पिता मुसलमान थे, इसलिए उनका यह रूप लोगों को नहीं सुहाता।''

''मैं कुछ समझी नहीं, स्वामी।''

''प्रिये! एक मुसलमान का यों कृष्णभक्त हो जाना किसी मुसलमान शासक को भला क्यों भाने लगा? तो लोगों ने काजी को खबर दी कि हरिदास काफिर हो गया है। बैठा-बैठा हरिनाम जपता है।''

गोराई काजी ने यह समाचार सुना तो आग बबूला हो उठा। उसके

शासन में ऐसा अत्याचार? यदि उसके धर्म का इस प्रकार अपमान होने लगा तो कल न जाने क्या हो? उसने तत्काल हरिदास को बुलवा भेजा तथा हरिनाम लेने से तौबा करने को कहा।

''हरिदास नहीं माने तो उन्हें बेंत मारने की सजा सुनाई गई। एक बार फिर से नौकरी देने का लोभ तक दिया गया, किंतु मन-प्राण-वचन व देह से स्वयं को परम वैष्णव माननेवाले हरिदास अपने हठ पर अटल रहे। काजी के लोग नगर भर में उन्हें बेंत लगाते घूमने लगे और हरिदास निरंतर 'हरे राम, हरे राम, राम राम हरे-हरे। हरे कृष्ण, हरे कृष्ण, कृष्ण कृष्ण हरे-हरे॥' की रटन लगाए रहे। उन्होंने बड़ा साहस दिखाया किंतु शरीर की सहने की भी एक क्षमता होती। जब शरीर सह न सका तो वे अचेत होकर गिर पड़े। काजी के लोगों ने सोचा कि प्राण निकल गए। उन्होंने उन्हें गंगाजी के हवाले किया और अपने घरों की राह ली।''

''परंतु स्वामी, आपको वे कहाँ मिले?''

''मैं गंगाघाट से स्नान करके लौट रहा था कि कुछ लोगों के चिल्लाने का स्वर सुना। उन्हें जल में कोई निष्प्राण देह डूबती-उतराती दिखी। मैं झट से छलाँग लगाकर गया और उन्हें पानी से बाहर निकाल लाया।

''देखा तो अभी नब्ज चल रही थी। वे केवल अचेत थे। तब मैं उन्हें घर ले आया। फिर क्या हुआ, यह तो तुम जानती ही हो।''

गौरांग की बातें सुन विष्णुप्रिया रोमांचित हो उठीं। उन्होंने पति के चरण-स्पर्श किए व मन-ही-मन बोलीं, 'प्रभु! मुझे पूर्ण विश्वास है, जिस प्रकार आपने महात्मा हरिदास की प्राण रक्षा कर उन्हें आश्रय दिया, आप भविष्य में भी जीवों के उद्धार का, उन्हें भवसागर से पार उतारने का दायित्व बड़ी कुशलता से निभा पाएँगे।'

□

जगाई-मधाई का हृदय-परिवर्तन

नगर प्रबंधक जगाई और मधाई का आतंक दिन-ब-दिन बढ़ता ही जा रहा था। ये दोनों पापी, विलासी, क्रूर व पाशविक वृत्ति के व्यक्ति थे। प्रतिदिन मदिरा के नशे में धुत्त होकर किसी से धन छीन लेना, किसी कन्या का हरण कर लेना, किसी निर्धन को बेंत से पीट देना आदि तो इनके लिए रोज का दाल-भात था।

नदियावासी इनके व इनके सैनिकों के कारनामों से पीड़ित थे, किंतु किसी में भी प्रतिरोध करने का साहस न था। एक बार वे किसी रईस की हवेली में डेरा डाले बैठे थे। राग-रंग की महफिल जमी थी कि कहीं से झाँझ व करताल का स्वर सुनाई दिया।

मद के नशे में चूर जगाई-मधाई को वह तेज-धीमे सुरों में आती धुन बहुत भाई। यद्यपि वे उसके साथ कहे जा रहे शब्द नहीं सुन पा रहे थे। दरअसल, वह श्रीवास का मुहल्ला था और वहाँ संध्या के समय, रोज की तरह हरि-संकीर्तन चल रहा था।

द्वार तो भीतर से बंद थे किंतु उस अमृतमयी ध्वनि को प्रसारित होने से कौन रोक सकता था। संगीत की धुन पर मदिरा के नशे में चूर भाई नृत्य करने लगे। फिर तो ऐसी धुन चढ़ी कि सब भूलकर सारी रात झूमते रहे।

सुबह कीर्तनमंडली ने घर की राह ली। द्वार खुले तो फाटक पर खड़े जगाई-मधाई को देख सबके पाँव ठिठक गए, किंतु निमाई निर्भीक

होकर उनके सामने जा पहुँचे।

"क्यों रे पंडित! कैसा रंग जमाया! किसी दिन हमारे यहाँ गाना-बजाना करो।" शराबी ने कहा।

निमाई उन्हें आशीर्वाद देते आगे निगल गए।

"प्रभु सद्‌बुद्धि दे!"

दूसरे भाई ने झूमते-झूमते अपना ही राग अलापा और लड़खड़ाते कदमों से चल दिया। पूरे नदिया में यह समाचार फैल गया कि पिछली रात जगाई-मधाई हरि-कीर्तन की धुन पर झूमते रहे। हालाँकि मद्यपी यह नहीं जान सके कि वे किसी वेश्या के गीत पर नहीं बल्कि हरिकीर्तन की ताल पर नृत्य कर रहे थे।

चैतन्य प्रभु ने भक्तों से कहा, "अब बंद द्वारों के भीतर प्रभु का नाम मत लो। पूरे नगर में हरिभक्ति का प्रचार करो। कीर्तन करो और भाव-विभोर हो जाओ।"

नित्यानंद (निताई) ने टोली का नेतृत्व सँभाला और पूरे शहर में कीर्तन करती, गाती-बजाती टोली चल पड़ी। 'हरि बोल हरि बोल', नगर में चारों ओर यही स्वर सुनाई पड़ता। निमाई स्वयं आनंदमग्न होकर नृत्य करने लगते। एक दिन किसी संन्यासी से भेंट होने के कारण वे टोली के साथ नहीं जा सके।

नगरकीर्तन मंडली जगाई-मधाई के डेरे पर जा पहुँची। दिन में नींद लेनेवाले मद्यपी निशाचर शोर सुनकर जाग गए। एक ने सेवक से कहा, "यह कैसी धमाचौकड़ी है?"

"अबे, बंद करवा ये हल्ला, दिखता नहीं, मैं सो रहा हूँ।" दूसरा बोला, "कहाँ मर गए सब।"

अनुचरों ने क्रुद्ध भाइयों की आवाज सुनी तो बाहर नाचती-झूमती कीर्त-नमंडली को अपने मालिकों का हुक्म कह सुनाया, किंतु हरिप्रेम-रस दीवानी भीड़ को किसी की भी सुनने की फुरसत कहाँ थी!

हरिनाम की गूँज चारों दिशाओं में फैली थी। अपनी सुखनिद्रा में व्यवधान पड़ते देख जगाई-मधाई के गुस्से की सीमा न रही। उन्होंने फिर से नौकरों को फटकारा। नौकर भी भला क्या करते। डरते-डरते एक बोला, "हुजूर! निमाई पंडित की टोली है। वे तो हरिकीर्तन में मग्न हैं। कोई सुनता ही नहीं।"

जगाई ने अधनींदे स्वर में कहा, "क्या कहा, कोई सुनता ही नहीं? नदिया में इतना साहस किस माई के लाल में आ गया?"

दोनों भाई भुनभुनाते हुए हवेली से बाहर निकले तो टोली में सबसे आगे नित्यानंद दिखाई दिए। दोनों भाई उन्हें देखते ही बोले, "जगाई, हरि-हरि बोल रे भक्त!"

निताई की आँखों में भरे आँसुओं व गद्गद वाणी को सुन जगाई जैसे सांसारिक नींद से जागा, किंतु मधाई की मानसिक वृत्तियाँ कहीं गहरी थीं। उसने पास खड़ी दासी के हाथ से कलसी छीनी और निताई के मुख पर दे मारी। निताई के फटे सिर से खून बहने लगा। कीर्तन-मंडली हाय-हाय कर उठी, पर निताई को सुध कहाँ! वे तो हाथों से ताल देते नृत्य में मग्न।

उधर एक बालक भागता-भागता निमाई के द्वार पर पहुँचा। गौरांग किसी से चर्चा में व्यस्त थे।

"गौर काका, गौर काका! निताई काका को मधाई ने मारा। उनके सिर से लहू बह रहा है।"

गौर को काटो तो खून नहीं। कंधे पर उत्तरीय डाले दनदनाते हुए वहीं जा पहुँचे। गौर वर्ण के निताई का मुख रक्त से लाल था। वे घाव से निरंतर बहते रक्त को भूल, एक ही धुन में मग्न थे।

"रे जगाई, हरि बोल...हरि बोल..."

निमाई ने झट से उन्हें बाँहों में भर लिया और उत्तरीय से रक्त पोंछने लगे।

"मेरे श्रीपाद! आपको किसने मारा? किसने की यह दुर्दशा?"

तभी उनका ध्यान जगाई-मधाई की ओर गया, तो आँखों से जैसे ज्वाला बरसने लगी। वे हुंकार भरकर उसी तरफ झपटनेवाले थे कि रक्तरंजित निताई ने अंक में भर लिया।

"प्रभु! शांत हो जाइए। आप पापियों के संहार के लिए नहीं अपितु उद्धार के लिए आए हैं। आप तो पतितपावन हैं। इन पतितों को राह दिखाएँ। मेरी जरा भी परवाह न करें। मेरी देह को कोई कष्ट नहीं हो रहा।"

निमाई भाव विगलित हो उन दोनों भाइयों से बोले, "मेरे निताई को क्यों मारा? इन्हें मारते हुए तुम्हें जरा भी दया नहीं आई। यदि मारना था तो मुझे मार लेते। मेरे श्रीपाद को कष्ट क्यों पहुँचाया, आखिर क्यों?"

तभी जगाई आगे बढ़ आया, "प्रभु! मैं अपने भाई की ओर से क्षमा चाहता हूँ। इस अविचारी ने ही बिना सोचे-समझे संन्यासी पर वार किया। इस मूर्ख को क्षमा करें।"

निताई बोले, "हे प्रभु! इसने ही अपने भाई मधाई को रोका अन्यथा आज यहाँ आपको निताई की निष्प्राण देह पड़ी मिलती।"

यह सुनकर तो चैतन्य की आँखों से आँसुओं की धारा बह निकली।

"जगाई! तुमने मेरे प्राणप्रिय भाई की रक्षा की, इसलिए तुम भी मुझे आज से उतने ही प्रिय हुए।"

उन्होंने जगाई को बाँहों में भरा तो जैसे उसके सारे पापकर्म धुल गए। वह मुदित हो उठा।

"आपके एक ही स्पर्श ने मेरा जीवन रूपांतरित कर दिया, प्रभु! आपने मुझे स्पर्श मात्र से पाप-पुण्य में भेद सिखा दिया। इस क्षण के बाद से यह जीव आपका सेवक हुआ। इसे अपने चरणों में स्थान दें और भक्तिमार्ग की राह दिखा दें। मधाई मेरा भाई है। कुसंगति ने हम ब्राह्मणों को पतित किया। आप तो पतित पावन हैं। मेरे भाई को भी क्षमा कर दें।"

मधाई को भी अपने कृत्य पर पश्चात्ताप हो रहा था। उसने भी

स्वत:स्फूर्त नित्यानंद के चरणों पर मस्तक रखकर क्षमा माँगी और फिर निमाई के चरणों में लोट गया।

मधाई ने निताई से कहा, "महाराज! मुझे मेरी क्रूरता के लिए क्षमा प्रदान करें। मैंने क्रोध के आवेश में आकर आपको चोट पहुँचाई।"

निताई ने भरे कंठ से कहा, "क्षमा करनेवाला मैं नहीं, वे तो सबको क्षमा करनेवाले हरि हैं, वे तो क्षमा व करुणा के सागर हैं। मैं उन्हीं से प्रार्थना करता हूँ कि यदि मेरे पिछले जन्मों के कोई संचित पुण्य हों तो वे तुम दोनों भाइयों को मिलें।"

निमाई बोले, "साधु! क्या दृश्य है? जिसने मार खाई है, जिसके सर्वांग से रक्त बह रहा है। वही मारने वाले के लिए संचित पुण्य कर्मों का दान दे रहा है।"

"हाँ प्रभु! आपके सान्निध्य ने मुझे यही तो सिखाया है।" निताई बोले।

निमाई-निताई ने पल भर एक-दूसरे को निहारा और फिर शिष्य-मंडली ने दूने उत्साह से हरि-कीर्तन आरंभ कर दिया।

जगाई-मधाई इस बार दल में सबसे आगे चल रहे थे। नदिया में जो भी यह दृश्य देखता, दाँतों तले अंगुली दबा लेता। जो दुष्ट भाई आततायी बनकर सबके प्राण कंठागत कर रखते थे, वही सड़कों की धूल में लोटते हुए हरिनाम का रस लूट रहे थे।

कहते हैं कि जगाई-मधाई ने अपने हृदय-परिवर्तन के बाद महलों की तरफ मुँह नहीं किया। उन्होंने पाप से कमाए धन से तौबा कर ली। अपनी धनराशि को पुण्यकर्मों में लगाया। गंगा पर एक घाट बनवा दिया। वे वहीं बैठकर हर आने-जानेवाले के चरण छूते और उनसे जाने-अनजाने में हुए अपराधों की क्षमा माँगते। गौरहरि ने उन्हें जीवन के सच्चे व सार्थक रूप के दर्शन करा दिए थे।

□

श्रीवास के यहाँ शोक में कीर्तन

वैष्णव धर्म अपने उद्दाम और प्रबल वेग के साथ प्रचारित होने लगा। अब झाँझ, करताल एवं मृदंग के स्वर हर गली में सुनाई देते।

ऊँचे भवनवालों को भला यह बात क्यों कर सुहाती? उन तक शिकायत पहुँचानेवालों का भी अभाव नहीं था। सभी अहंकारी पंडित और दुष्टजन नित उपालंभ लेकर चले जाते। नगर कोतवाल ने जगाई-मधाई का प्रसंग सुना था, इसलिए वह तो चुप लगा गया, किंतु ईर्ष्यालु इतनी आसानी से माननेवाले नहीं थे।

नदिया के जनसाधारण के मन में महाप्रभु के लिए स्नेह व आस्था का सागर हिलोरें मारने लगा। नगर काजी मन-ही-मन जानता था कि निमाई प्रभु के विरुद्ध उठनेवाले स्वरों में जरा भी सच्चाई नहीं है, किंतु बार-बार पंडित एक ही राग अलापने लगे, ''दुष्ट वैष्णवों के 'हरि बोल' के मारे तो नाक में दम है। आपके धर्म की भी तो हानि हो रही है। आप हरिदास को ही लें। आपके यहाँ गाना-बजाना वर्जित है और आपका मुसलमान भाई हरिदास, इनकी संगति में पड़कर गलियों में हरि-संकीर्तन गाता फिरता है।''

दूसरे ने बात आगे बढ़ाई, ''यदि आपने समय रहते इस नौटंकी को बंद न करवाया तो चारों ओर ऐसी अनुशासनहीनता फैलेगी कि सँभाले नहीं सँभलेगी।''

काजी चाँद खाँ ने मन-ही-मन सोचा, 'बेशक, मेरा मन जानता है कि श्रीनिमाई विशुद्ध भाव से कीर्तन करते हैं तथा किसी को भी बलपूर्वक वैष्णव नहीं बनाया जाता, परंतु यदि मैंने इन धर्म व समाज के ठेकेदारों की शिकायत पर कोई काररवाई न की तो ये लोग बादशाह के पास भी जा सकते हैं। तब तो मेरी भी नौकरी पर बन आएगी।'

उसने मुनादी करवा दी, "शहर में ऊँची आवाज में हरि-कीर्तन करने की मनाही है।"

वैष्णव दल यह सुनकर मुरझा गया। गौरहरि तक समाचार पहुँचा तो वे सबको तसल्ली देते हुए बोले, "हम संध्या समय सारी कीर्तन मंडलियों के साथ नगर में कीर्तन करेंगे। इतना ही नहीं, यह कीर्तन नगर काजी के द्वार पर होगा।"

निमाई को अब भी स्मरण था कि काजी के कहने पर ही हरिदासजी की देह रक्तरंजित की गई थी। शाम ढलते ही सब ओर से एक ही स्वर सुनाई देने लगा—

श्री कृष्ण गोविंद हरे मुरारी
हे नाथ नारायण वासुदेवा!

दूसरी ओर से आती टोली ने कृष्ण नाम का जप छेड़ा हुआ था—

हरि भजो रे भाई, हरि भजो रे भाई!

गाती टोली ने काजी के ओहदेदारों को स्नेह से आलिंगन किया तो वे भी नृत्य-कीर्तन का ही हिस्सा बन गए। काजी ने बाहर निकलकर देखा तो उसके आश्चर्य की सीमा न रही। उसके अपने ही लोग मग्न होकर हरि बोल की धुन पर थिरक रहे हैं।

उसने स्वयं श्री निमाई से क्षमा माँगी और अपनी आज्ञा तत्क्षण वापस ले ली।

कुछ दिन के लिए इसी बात की चर्चा रही। निमाई का आंदोलन तेजी से आगे बढ़ा। समाज के पतित व दलित वर्गों को भी वैष्णव धर्म ने सहर्ष अपनाया।

सबके मन में एक बात तो स्पष्ट थी, 'स्वयं प्रभु ने ही निमाई के रूप में अवतार लिया है।' एक दिन निमाई भावाविष्ट होकर धरती पर पड़े थे। अद्वैताचार्यजी ने उनके चरणों की रज मस्तक से लगा ली। निमाई की सुध लौटी तो उन्होंने स्वतःस्फूर्त पूछा, "अद्वैताचार्यजी! आपने मेरे चरण क्यों स्पर्श किए?"

"निमाई! अपना जीवन सार्थक कर रहा था।"

"आचार्य! आप मुझे ऐसे व्यवहार से पाप का भागी न बनाएँ। मैं तो एक दीन-हीन मनुष्य मात्र हूँ।" कहते-कहते गौरांग उनके चरणों में लोट गए और आचार्य ने उन्हें गले से लगा लिया।

□

श्रीवास के घर में नृत्य-कीर्तन का खूब समाँ बँधता। निमाई ऐसा नृत्य करते कि सभी भाव-विभोर हो जाते। श्री श्री चैतन्य भागवत के अनुसार—

नृत्य करे महाप्रभु निज नामावेशे।
हुंकार करिया महा अदद अद्द हासे॥
प्रेमरसे निरवधि गड़ागड़ि याय।
ब्रह्मार वंदित अंग पूर्णित धुलाय॥
प्रभुर आनंद-आवेशेर नाहि अंत।
नमन भरिया देखे सब भाग्यवंत॥

अपने नाम के आवेश में महाप्रभु नृत्य करते थे और बीच-बीच में हुंकारपूर्वक अट्टहास करते थे। प्रेमरस में प्रभु निरंतर भूमि पर लोट-पोट होते रहते। ब्रह्मा द्वारा वंदित उनके श्रीअंग धूल से पूर्णित हो जाते थे। उनके आनंद आवेश का अंत नहीं था। सभी भाग्वंतजन नयन भरकर यह सब देखा करते।

ऐसे ही एक दिन श्रीवास को घर से रोने का स्वर सुनाई दिया। सभी सुख-संकीर्तन में मग्न थे। श्रीवास को पता चला कि उनके पुत्र का निधन

हो गया। घर की सभी औरतें उस शिशु के लिए विलाप कर रही थीं।

श्रीवास भी गंभीर महातत्त्व ज्ञानी थे। झट से द्वार बंद कर बोले, ''कृष्ण का नाम जपो! जानेवाला लौटकर नहीं आता। जो होता है, हरि इच्छा से होता है। हमारे घर में साक्षात् प्रभु विराजमान हैं। इस समय मेरे पुत्र के परलोक गमन का अर्थ है कि उसके युगों-युगों के पाप तर गए। यदि यह समाचार किसी भी तरह बाहर पहुँचा तो उनके नृत्य-सुख में बाधा आएगी। मैं ऐसा कभी नहीं चाहूँगा। यदि ऐसा हुआ तो मैं गंगा में कूदकर प्राण दे दूँगा।''

कीर्तन समाप्त हुआ तो निमाई बोले, ''जाने क्यों मन में कष्ट है। ऐसा लगता है कि श्रीवास के घर में कोई दुखद प्रसंग है।''

''नहीं प्रभु! आपके रहते कैसा दुख, कैसी पीड़ा! मैं तो सानंद हूँ।'' श्रीवास ने हाथ जोड़े।

तभी किसी अन्य व्यक्ति ने निमाई को उसके पुत्र के निधन का समाचार दे दिया। निमाई श्रीवास की भक्ति व आस्था देख भावुक हो उठे। श्रीवास ने केवल इस कारण से पुत्र की मृत्यु का समाचार प्रसारित नहीं किया कि कीर्तन के रस में व्यवधान न आए।

वे फूट-फूटकर रोने लगे। श्रीवास ने उन्हें नाना प्रकार से सांत्वना दी। किसी ने याद दिलाया कि शिशु के अंतिम संस्कार का प्रबंध करना चाहिए। बालक को प्रभु के सम्मुख लाया गया। अब तक श्रीवास के भय से शांत स्त्रियाँ भी रो पड़ीं।

प्रभु ने मृत बालक को देखकर पूछा, ''श्रीवास के घर से क्यों जा रहे हो?''

उपस्थित जन यह देखकर विस्मित हो गए कि मृत शिशु बोलने लगा। वह बोला, ''मैं इस शरीर का आनंदपूर्वक उपभोग कर चुका हूँ। जाने का समय हो गया है, अत: यहाँ रुकना संभव नहीं है। प्रभु, मुझ पर इतनी कृपा रखना कि मैं आपको न भूल जाऊँ।''

''वैसे तो इस संसार में कौन किसका पुत्र है और कौन किसका पति! सभी अपना-अपना कर्म भोगते हैं। श्रीवास के घर सानंद रहा। अब किसी दूसरे शरीर में, किसी दूसरी जगह ठिकाना होगा। भगवदेच्छा सर्वोपरि!''

मृतपुत्र के मुख से ऐसा वचन सुनकर श्रीवास भी स्वयं पर नियंत्रण नहीं रख सके और प्रभु के चरणों में बारंबार गिरकर बोले, ''हे प्रभु! आप ही हमारे इस जन्म में और अगले-पिछले सभी जन्मों के माता-पिता हैं। हम अज्ञानियों पर अपनी दया-दृष्टि बनाए रखें, ताकि हम इस संसार की मोह-वासना से ग्रस्त न हों।''

इसके उपरांत शिशु को गंगा में विसर्जित किया गया और सभी जन अपने-अपने घर लौटे। घर में शची माँ व विष्णुप्रिया ने भी यह सब समाचार जाना तो उस भाग्य-नियंता के आगे मस्तक नवा दिए।

उस दिन निमाई घर लौटे तो जाने कहाँ खोए-खोए से थे। शची माँ ने देश-देशांतर की बातों में उलझाना चाहा, परंतु वे ध्यान ही नहीं रमा पाए। शची माँ को बहुत समय के बाद पुत्र से वार्त्तालाप का एकांत अवसर मिला। वे उसे जतन से पंखा करते-करते बोलीं, ''पुत्र! तू सारे नवद्वीप को भक्ति का उपदेश देता है, परंतु मेरी ओर तो तेरा ध्यान नहीं जाता।''

''माँ, मैं समझा नहीं।'' गौरांग ने अनजान बनने का अभिनय किया।

शची माँ ने दुख की उसाँस भरी।

''पुत्र! मैं तो चाहने पर भी हरि संकीर्तन में मन नहीं रमा पाती। ग्रंथों का पारायण करती हूँ। निरंतर हरि का नाम जपती हूँ, किंतु फिर भी प्रेमभक्ति की अधिकारिणी नहीं हूँ।''

गौरहरि पहले तो चुप रहे, किंतु फिर निश्चयपूर्वक बोले, ''माँ! तुमसे गुरुवर के प्रति अपराध हुआ है। मेरी धृष्टता को क्षमा करना। उस अपराध का प्रायश्चित्त किए बिना प्रेमभक्ति का रस नहीं पा सकोगी।''

"कैसा अपराध, पुत्र?" शची माँ ने व्याकुलता से पूछा।

निमाई अतीत के पृष्ठ पलटने लगे।

"माँ! आपको स्मरण होगा कि मेरे बड़े भाई प्राय: अद्वैताचार्यजी के यहाँ जाते। कहना न होगा कि उन्हीं की संगति ने उन्हें संन्यास ग्रहण करने की प्रेरणा दी।

"आपने संन्यासी पुत्र के प्रति रोष का सारा गरल अद्वैताचार्य पर उतार दिया और उन्हें कोसा कि वे आपके पुत्र को सांसारिकता से विमुख कर रहे हैं।"

शची माँ आश्चर्य में पड़ गईं। भला निमाई ने यह कैसे जाना। उन्होंने तो कभी भी यह भाव किसी के सामने प्रकट नहीं किया था। यद्यपि वे मन-ही-मन उन आचार्य के प्रति द्वेष रखती थीं। उन्हें लगता था कि वे आचार्य उनके दूसरे पुत्र को भी वैसी ही संगति न प्रदान करें कि वह भी गृह-त्यागी हो जाए।

"पुत्र! मैं क्षमा चाहती हूँ कि आचार्य के प्रति ऐसा भाव मेरे मन में आया। मुझसे वैष्णव अपराध हुआ है। मुझे क्षमा कर दो।"

"माँ! तुम्हें अद्वैताचार्यजी से क्षमा माँगनी होगी।" गौरहरि बोले।

शची माँ अगले दिन कीर्तन-मंडली में पहुँचीं और आचार्य से अपने कटु मनोभाव के लिए क्षमामाँगी तथा उनके चरण स्पर्श किए।

हासे प्रभु विश्वंभर खट्टार उपरे।
प्रसन्न हइया प्रभु बले जननीरे
एखने से विष्णुभक्ति हइल तामार।
अद्वैतेर स्थाने अपराध नाहि आर॥
श्री मुखेर अनुग्रह शुनिया वचन।
जय-जय-हरि ध्वनि हइल तखन॥

(सिंहासन के ऊपर विराजमान प्रभु हँसने लगे और प्रसन्न होकर जननी से बोले, "इस क्षण से आपको विष्णुभक्ति मिल गई है, अद्वैत के

प्रति अब आपका कोई और अपराध नहीं है।" श्रीमुख से अनुग्रह-रूप वचनों को सुनकर सभी 'जय-जय हरि' की ध्वनि करने लगे!)

इस प्रसंग के माध्यम से गौरहरि ने जननी को माध्यम बनाकर सबको वैष्णवापराध के विषय में सावधान रहने को कहा।

□

जन-कल्याणार्थ संन्यास की इच्छा

गौरांग की शिकायत नवाब तक पहुँच गई थी, क्योंकि नगर-काजी ने तो उनके खिलाफ कोई भी कदम उठाने से इनकार कर दिया था।

नवाब की ओर से हुक्म आया, "गौरांग व श्रीवास को मुश्कें बाँधकर लाया जाए तथा सभी वैष्णवों को कोड़े मारे जाएँ।"

देखते-ही-देखते यह समाचार दावानल की तरह चारों ओर फैल गया। शिष्यगण नहीं चाहते थे कि उनके परमप्रिय गौरांग पर किसी तरह की आँच भी आए। श्रीवास बोले, "प्रभु! अभी तो आपको भक्ति-प्रचार को सभी दिशाओं में ले जाना है। आप शीघ्र ही किसी सुरक्षित स्थान में जाएँ। सुना है, कई नौकाएँ भरकर यवन सैनिक नवद्वीप रवाना कर दिए गए हैं।"

"श्रीवासजी! संकट को टालने से उसका हल नहीं निकलता। बुद्धिमान और विवेकी प्राणी वही होता है, जो समय व परिस्थितियों के अनुरूप कार्य करते हुए समस्या का समाधान खोज निकालता है।"

गौरांग ने उस दिन चंदन के लेप से केशों का सुंदर विन्यास किया। माथे पर चंदन का तिलक लगाकर पीतांबर पहना तो रूप-छटा निराली हो गई। तभी एक भक्त ने गले में सुंदर पुष्पमाला पहना दी। उत्तरीय के दोनों छोर कंधों से आगे की ओर लहरा रहे थे।

गौरांग प्रभु का साक्षात् रूप देख विष्णुप्रिया ठगी रह गईं। किवाड़ की ओट में होकर चरण छूने गईं तो वे हाथ थामकर बोले, "तुम मेरी सहधर्मिणी हो। मेरे महती उद्‌देश्य में सहभागी बनोगी?"

विष्णुप्रिया बोली, "जी स्वामी! आपकी आज्ञा सिर-माथे पर?"

कहने को तो कह गईं, पर मन-ही-मन यह विचार मथने लगा कि प्रभु किस कार्य में उनकी सहायता चाहते थे। उनके मन में क्या योजना है?

उधर घाट पर तमाशबीनों की भीड़ जुटी थी। शुभचिंतकों ने समझाना चाहा, "प्रभु! आप यहाँ से लौट चलें। यवनों का उत्पात कौन नहीं जानता।"

पर गौरांग तो बड़ी ठसक से घाट के चक्कर लगा रहे थे। उन्होंने ठान रखा था कि नदियावासियों के मन को अत्याचारी शासक के आतंक से मुक्त कराना ही होगा। उनके भय का निराकरण करने का इससे अच्छा अवसर और क्या होगा, किंतु प्रकट में बोले, "मेरा यहाँ रहना ठीक है। यदि क्रोधित सैनिक आए भी तो मुझे यहाँ से ले जाने में सुविधा होगी। उनका सबसे अधिक रोष तो मुझ पर ही है न।"

एक बालक ने पेड़ पर चढ़कर आवाज दी, "लगता है, कुछ नौकाएँ इस ओर आ रही हैं। उनमें कुछ सैनिक भी सवार हैं।"

यह सुनकर कइयों की तो सिट्टी-पिट्टी गुम हो गई। भला यवनों के मुँह कौन लगे। वे तो बहाना बनाकर खिसकने लगे, किंतु निमाई का वैष्णव दल बड़े भक्ति-भाव से बैठा रहा। जब स्वयं उनके प्रभु वहाँ थे तो भय कैसा!

निमाई स्वयं घाट पर घूमकर कृष्ण मंत्र का जाप करने लगे। बीच-बीच में हाथ ऊँचे कर हुंकार भी भरते। प्रत्यक्षदर्शियों ने कहा कि उन्होंने उनके देदीप्यमान शरीर से निकली एक प्रकाश किरण को नदी की तरफ जाते देखा।

उस अद्‌भुत जगमगाहट से बौखलाए सैनिकों ने नावें वापस मोड़ लीं।

कोई कहता था कि उनकी नावें भँवर में फँस गईं तो कोई कहता था कि वे लौट गए। कारण चाहे जो भी रहा हो, बस घाट पर कोई नौका नहीं लगी।

कुछ पाखंडी बोले, "वाह गौरांग पंडित! खूब मंत्र विद्या चलाई। मंत्र की शक्ति के बल पर नौकाएँ लौटा दीं।"

"मंत्रशक्ति नहीं, यह तो कृष्णभक्ति की महिमा है, वैष्णवों के पास कृष्णभक्ति के सिवा कोई मंत्र नहीं होता। हमें कोई दूसरा तंत्र-मंत्र नहीं आता और न ही हम जानना चाहते हैं।"

वैष्णव-मंडली जय-जयकार कर उठी। आज उनके गौरहरि ने यवन सेना को भी आक्रांत कर लौटा दिया था। उन्होंने सब के बीच सिद्ध कर दिया कि हरिभक्ति करनेवालों को किसी से भयभीत होने की आवश्यकता नहीं होती। क्योंकि हरि स्वयं उनके रक्षक होते हैं। वे स्वयं ही भक्त की विपदा अपने सिर ले लेते हैं।

निमाई के भगवद्प्रचार के विरोधी इतने पर भी पीछे नहीं हटे। अब उन्होंने नया ही नाटक रचा। निमाई की भाव-लीलाओं की खुलकर निंदा होने लगी।

निमाई अपने भावों के प्रदर्शन के लिए विविध आश्रय लेते। जब उन्होंने रुक्मिणी का रूप धरा तो उनकी प्रेमलीला ने सभी को विस्मित कर दिया।

विरोधी कहने लगे कि निमाई आँखों को अपने रूप-रस से मोहने की चालें चल रहा है, पर वातावरण इतना प्रेम व दिव्यता से परिपूर्ण हो गया था कि लोग इन बातों को प्रश्रय ही नहीं देते थे।

इस प्रसंग को अमृतलाल नागरजी ने बहुत ही सुंदर शब्दों में बाँधा—

"भट्टाचार्यों ने श्री निमाई के वैष्णव चक्र में सम्मिलित होनेवालों को यह कह कर धिक्कारना आरंभ किया कि पगले निमाई की अश्लील लीलाओं में रस लेते थे। विरोधियों के इस खोखले झूठ का भंडाफोड़ भी वैष्णवों द्वारा वैसी ही तत्परता से किया गया। श्री निमाई ने कृष्ण-रुक्मिणी

की प्रेमलीला का भावाभिनय रचने से पहले ही अपने साथियों से स्पष्ट शब्दों में यह कह दिया था कि उनकी इस लीला को केवल वे लोग देख सकेंगे, जो अपनी वासनाओं से ऊपर उठ चुके हैं। उन्होंने यह स्पष्ट कर दिया था कि राधा-रुक्मिणी और कृष्ण के प्रेम को भौतिक दृष्टि से न देखा और न ग्रहण किया जाए।''

वैष्णव साहित्य और दर्शन के गगनचुंबी भवन की नींव ही प्रेमतत्त्व के ऊपर रखी गई है। चैतन्य श्री निमाई ने एक ही तत्त्व के भौतिक पहलू को 'काम' एवं आध्यात्मिक पहलू को प्रेम की संज्ञा दी है, लेकिन दोनों के लक्षण एक जगह पर एकदम भिन्न हैं।

काम, प्रेम दोहाकार विभिन्न लक्षण।
लौह और हेम जेछे स्वरूपे विलक्षण॥

लोहे व सोने का वर्ण अलग है। काम हमारी चेतना को अत्यंत संकुचित परिधि में बाँध देतीं है। काम ऐसी तंग, अँधेरेभरी कालकोठरी है, जहाँ चेतना आँखें रहते हुए भी कुछ नहीं देख पाती और प्रेम सूर्य के समान है, जिसके प्रकाश में हमारी चेतना को दसों दिशाओं में दूर-दूर तक अपनी दृष्टि दौड़ाने की खुली छूट मिलती है। प्रेम काम से विकसित हो सकता है, पारसमणि के स्पर्श से लोहा भी सोना बन सकता है, यह असंभव नहीं है, किंतु सोना बनने पर लोहा अपने पूर्व रूप-गुण व गुणों से तनिक भी मेल नहीं खाता। कमल कीचड़ से उत्पन्न होता है, किंतु उसमें कीचड़ की गंदगी का लेशमात्र भी नहीं रहता, कीचड़ कमल के रूप में दिव्य सौंदर्य बन जाता है। राधा-कृष्ण अथवा रुक्मिणी-कृष्ण प्रेम वैष्णव भक्ति में शीर्षस्थ स्थान पर प्रतिष्ठित है, जिसे अनुभव करने का अधिकार प्रारंभिक साधकों को भी नहीं है। साध्य भक्ति के द्वारा सधकर वैष्णव जब सेवाभाव में आता है, तभी उसकी वास्तविक साधना आरंभ होती है। वैष्णव जगत् को ईश्वर मानकर मात्र कर्तव्यवश नहीं वरन् प्रेम से कृष्णमय जगत् की सेवा करता है। फिर वह सरल भाव धारण करता है, ईश्वर अब उसे आस्था

नहीं देता वरन् हर काम में भक्त के साथ रहता है। यह साधना पूरी होने के उपरांत वह वात्सल्य भाव में प्रवेश करता है। भक्त के आगे दुनिया बच्चे से खेलती है। दुनिया ईश्वर है—भक्त उसकी भलाई-बुराई नहीं देखता, केवल उसी तरह प्रेम करता है, जैसे माँ अपने बच्चे से करती है। यह वात्सल्य भाव सिद्ध होने के बाद ही भक्त गोपी भाव पाता है और राधा भाव तो सर्वोच्च है। अत: निमाई का यह स्पष्ट आदेश था कि जो व्यक्ति अपने मानस में इतना पवित्र न हो चुका हो, वह इस लीला में भाग न ले।

गौरांग के इस कथन पर श्रीवास व अद्वैताचार्यजी ने कहा था कि हमें इस लीला में शामिल न किया जाए, क्योंकि हम लोग अभी इस योग्य नहीं हुए। इस पर गौरांग निमाई ने वासनाओं से लड़नेवाले महान् आत्मवीरों के रूप में उनकी वंदना की थी।''

(चैतन्य महाप्रभु : अमृतलाल नागर से साभार)

एक दिन महाप्रभु गोपीभाव में निरंतर 'गोपी' 'गोपी' कहते जा रहे थे। वे गोपियों के कृष्ण विरह में डूबकर स्वयं ही गोपी बन बैठे थे। तभी एक विद्यार्थी ने यह सुनकर कहा, ''निमाई पंडित! गोपी-गोपी क्या कहते हो। वेद कहते हैं कि कृष्ण का नाम लोगे तो पुण्य पाओगे।''

''मैं उस अकृतज्ञ कृष्ण को नहीं भजता। निर्मोही है वह तो।''

गोपी भाव में महाप्रभु बोले। वह सांसारिक व्यक्ति उनका यह मनोभाव नहीं जान सका और उनसे नाना प्रकार की बातें कहने लगा। महाप्रभु डंडा हाथ में लेकर उसे मारने दौड़े। उसने जाकर दूसरे दल में शरण ली, पर अपनी बतकहियों से बाज न आया। सभी अपने-अपने मन से बातें बनाने लगे, ''यदि कृष्णनाम ही नहीं लेते तो वैष्णव कहाँ से हुए?''

''यह तो अद्‌भुत बात सुनने में आई कि वैष्णव केवल गोपी-गोपी जपता है।''

''अरे, हमारे साथ ही तो शिक्षा ग्रहण की थी। आज वे गोसाई कहाँ से बन बैठे।''

जितने मुँह उतनी बातें, लोगों को तो बातें बनाने का बहाना भर चाहिए। तब प्रभु गोपीभाव से बाहर आए और हँस दिए—

एक वाक्य अद्‌भुत बलिला आचंबित।
केह ना बुझिल अर्थ, सबे चमकित॥
कटिल पिप्पलिखंड कफ निवारिते।
उलटिया आरो कफ बाड़िल देहते॥

अचानक प्रभु ने एक अद्‌भुत वाक्य कह दिया। वाक्य का अर्थ कोई नहीं जान पाया। सभी आश्चर्यचकित रह गए।

''कफ दूर करने के लिए मैंने 'पिप्पली खण्ड' का उपयोग किया था। उलटे शरीर में कफ और बढ़ गया।'' इतना कहकर सर्वलोकनाथ गौर प्रभु खिलखिलाकर हँस दिए।

महाप्रभु देख पा रहे थे कि कीर्तन के समय तो भक्तजन प्रेमरस में सराबोर होते हैं, किंतु वह सब बीत जाने पर पुनः भोग-विलास, तृष्णा आदि उन पर हावी हो जाते हैं।

उन्होंने मन-ही-मन सोचा, ''लोग किसे देखकर सीखेंगे। वे तो मुझे देखकर यही सोचते होंगे कि घर-गृहस्थी, पत्नी, मान-यश व धन से घिरे इस व्यक्ति ने हरि संकीर्तन से यह फल पाया है।''

यद्यपि उनका मन इन विषय-वासनाओं से कहीं परे था, किंतु बाह्य संसारीजन उसे कहाँ देख पाते थे। निताई ने भी उनकी पहेली सुनी तो एक अनजानी व्यथा ने घेर लिया। झट से उनके पास पहुँचे और कहा, ''हे प्रभु! कृपया अपनी कही पंक्ति का भाव स्पष्ट करें।''

चैतन्य बोले, ''मैंने जगत् के बाह्य दृष्टि से प्रपीड़ित जीवों के लिए अप्रकाशित सत्य का प्रचार करने की चेष्टा की थी, परंतु उन्होंने उसका फल ग्रहण करने की बजाय गुरुवर अपराधों का भार सिर ले लिया।''

''वैद्यशास्त्र के अनुसार कफ से पीड़ित रोगी को पिप्पली खंड नामक ओषधि दी जाती है। उससे स्वास्थ्य लाभ होना तो दूर रहा, परंतु कफ का

रोग और बढ़ गया है।''

''मैंने जगत का उद्धार करना चाहा था, परंतु ऐसा लगने लगा कि मैं संहार करने आया हूँ।''

नित्यानंदजी तो यह सब सुनकर अवाक् रह गए। उनके निमाई संन्यास धारण करेंगे। यह विचार ही मन-प्राण को पीड़ा देने के लिए पर्याप्त था।

निमाई बोले, ''मुझे इन मनुष्यों के प्राण के लिए संन्यास जीवन ग्रहण करना ही होगा। जो-जो मुझे मारने की इच्छा रखते हैं, उन्हीं के द्वार पर जब भिक्षुक बनकर जाऊँगा तो वे मुझे संन्यासी वेष में देखकर चरणस्पर्श करेंगे। इससे उनके पाप नष्ट होंगे तथा उनके मन में भक्ति का उदय होगा।

''संन्यासी पर कोई प्रहार नहीं करता। मैंने आज तुमसे हृदय की बात कह दी। तुम दुखी मत होना। गृहस्थ आश्रम त्यागकर ही मैं अपना महती लक्ष्य पूरा कर सकूँगा।''

निताई के लिए तो निमाई की आज्ञा ही सर्वस्व थी। उन्होंने मन की पीड़ा को दबा दिया और प्रकट में बोले, ''गौरांग प्रभु! आप जो भी निर्णय ले रहे हैं, मैं उसमें बाधा देने की बात सोच भी नहीं सकता, क्योंकि आप तो सर्वत्र हैं, आपसे कुछ नहीं छिपा। यदि इसी में कोई सार है तो आप सहर्ष इस पथ पर अग्रसर हों।''

निमाई ने प्रिय निताई को आलिंगन में बाँध लिया। तब निताई बोले, ''प्रभु! मुझे एक वचन दें कि आप कुछ समय घर और नवद्वीपवासियों को अपने मंगलकीर्तन का श्रवण करने का सौभाग्य प्रदान करेंगे। उसके पश्चात् आप जैसा ठीक समझें, वही करें।''

''हाँ नित्यानंद, ऐसा ही होगा।'' गौरहरि ने नेत्र मूँदे और वे कृष्ण के ध्यान में निमग्न हो गए।

□

माँ और पत्नी से संन्यास की अनुमति

गौर प्रभु की अंतर्मुखता दिन-ब-दिन बढ़ती ही जाती थी। रोजमर्रा के सभी कार्य अपने नियमित समय पर होते। स्नान-ध्यान, पूजन-भजन होता, पर गौरांग जैसे किसी दूसरे ही संसार में रहते। यदि इच्छा होती तो भक्तों से वार्त्तालाप कर लेते अन्यथा गदाधर को संकेत कर देते कि उनसे कोई न मिले। अब एकांतवास ही अधिक भाने लगा था।

भिन्न-भिन्न स्थानों से आए वैष्णव-भक्तों के मुख से धर्म के नाम पर होनेवाले अनाचार और वैष्णवों पर होने वाले अत्याचारों की बातें सुन-सुनकर तो गौरांग प्रभु और भी व्यथित हो जाते। भजन-कीर्तन में जाना कम होता जा रहा था। जैसे उस स्थान से अपना नियत कार्य होने के बाद दूसरी जगह जाने की भूमिका बँध रही थी।

कोई जाने न जाने, विष्णुप्रिया से पति की यह अन्यमनस्कता छिपी नहीं थी। चेहरे की वेदना से साफ दिखता था कि वे भीतर-ही-भीतर घुले जा रहे हैं। उनकी विचारमग्नता का बाह्य संसार से कोई संपर्क ही नहीं रहा था।

गदाधर तो चौबीसों घंटे उनके साथ ही लगा रहता था। उसे भी भनक पड़ गई कि गौरांग संन्यास लेने की इच्छा रखते हैं। उस दिन

विष्णुप्रिया जल भरने घाट पर गई हुई थीं कि गदाधर ने प्रवेश किया।

शची माँ ने पूछा, "क्यों रे! सुबह-सुबह चेहरा क्यों लटकाया है? गौरहरि का कुछ कहे का बुरा मत मानना। आजकल उसका चित्त जाने कैसा हो गया है!"

"माँ!" गदाधर के मुख से शब्द ही नहीं फूटे।

शची माँ ने उसे चौंककर देखा, "रे गदाधर! बोल तो, हुआ क्या है?"

"माँ प्रभु कहते हैं···।"

किसी अज्ञात आशंका से माँ का कलेजा काँप गया, "वे कहते हैं कि···वे संन्यास लेकर नवद्वीप छोड़ देंगे। उनके जाते ही यहाँ तो घोर अंधकार छा जाएगा। वे हमारी नहीं सुनते, अब आप चाहें तो उनका निर्णय बदल सकती हैं।"

शची माँ क्या कहतीं। जीवन में इतने सदमे सहने के बाद शरीर में इतनी ताकत भी कहाँ रही थी कि तत्काल कोई प्रतिक्रिया दे सकें।

गदाधर ने तो रोकर मन का भार हलका कर दिया, किंतु शची माँ की छाती पर पत्थर आ पड़ा।

पुत्रियों का असमय निधन, बड़े पुत्र का गृहत्यागी होना, पति का संसार से जाना, अब इस पुत्र का भी घर छोड़कर जाने की इच्छा प्रकट करना, क्या ईश्वर ने ये सभी दुख उनके ही भाग्य में बदे हैं। सलोनी बहू भी आई, पर क्या वे उसकी गोद में खेलता बालक भी नहीं देख पाएँगी? क्या मिश्र वंश का यहीं अंत होना लिखा है? निःसंतान बहू और मैं क्या अकेले जीवन गुजारेंगी? संसार भर में मोह व प्रेम का जादू बिखेरनेवाला निमाई क्या एकबारगी हम दोनों को भी भुला देगा।

इतने में 'माँ-माँ' की पुकार सुनाई दी और गौरांग आ गए। शची माँ ने पुत्र के मुख को ध्यान से देखा।

"नहीं-नहीं! गदाधर ने गलत सुना होगा या रोज-रोज लोगों की

कुत्सित बातों से तंग आकर निमाई ने यों ही कह दिया होगा। वह मुझे और पत्नी को छोड़कर नहीं जा सकता।''

गौरहरि माँ के पाँव दबाने लगे। शची माँ मुसकराईं, ''बचपन में भी जब बाबा कुछ लेकर देने से मना कर देते थे तो तू इसी तरह माँ के दरबार में अरजी लगाता था। क्या आज भी ऐसा ही कुछ चाहिए।''

गौरांग ने प्यार से माँ के गले में बाँहें डाल दीं, ''माँ! आप तो जानती ही हैं कि मैं क्या चाहता हूँ। जानता हूँ कि थोड़ी देर पहले ही गदाधर आपको यह समाचार दे गया है। कुछ दिन से ही यह विचार निरंतर मन को मथ रहा था। अब यह तय है कि मुझे संसार के कल्याण के लिए अपनी सुख-सुविधाओं का त्याग करना ही होगा। लोक-कल्याणरूपी इस जग में मुझे आपकी व विष्णुप्रिय की ओर से भी आहुति चाहिए।''

शची माँ के चेहरे की मुसकान के स्थान पर विषाद के बादल छा गए।

''मैं और बहू तेरे बिना कैसे जीवित रहेंगे?'' वे केवल यही कह पाईं।

गौरांग ने माँ के चरण में पलोटते हुए कहा, ''माँ! इस संसार में हर प्राणी अपने लिए नियत कार्य लेकर जनमा है। मुझे लगने लगा है कि यहाँ मेरा कार्य समाप्त हुआ। मुझे अब जाना होगा।''

''यद्यपि आप आज्ञा नहीं देंगी तो संभवत: मैं न जा सकूँ, किंतु तब मेरे जीवन में कोई सार नहीं बचेगा। मैं निष्प्राण देह की तरह जीवित रहूँगा।

''यदि आप सहारे की बात कहती हैं तो मैं केवल इतना स्मरण कराना चाहता हूँ कि इस संसार में ईश्वर किसी को भी निराधार नहीं रखते। वे ही तो सबके सच्चे आश्रय हैं। हमें सदा उन्हें ही अपना सहारा मानना चाहिए।''

यह सुनने के बाद शची माँ ने एक भी शब्द नहीं कहा और चुपचाप

अपनी सिसकी को कंठ में घुटककर पुत्र के काले घुँघराले केशों पर अपना हाथ रख दिया।

"निमाई, माँ ने तो तुझे आज्ञा दे दी, किंतु क्या तू विष्णुप्रिया से नहीं पूछेगा!"

"माँ! आप निश्‍चिंत रहें। मैं उससे अनुमति लिये बिना संन्यास आरंभ नहीं करूँगा। वह मेरी अर्धांगिनी है, यदि उसने ही मेरे इस नए पथ में मेरा स्वागत न किया तो मेरा यज्ञ अधूरा रह जाएगा।"

गौरहरि और शची माँ बड़ी देर एक साथ बैठे रहे। विष्णुप्रिया को घाट पर अधिक समय लग गया। लौटी तो शची माँ जप में मग्न थीं और पति किसी आगंतुक से वार्त्तालाप में निमग्न थे।

संध्या समय रोज की तरह तुलसी के चौरे पर दीपक जलाकर माथा टेका और फिर रसोई की ओर चल दीं। विष्णुप्रिया के सामने चूल्हे पर भात चढ़ा था पर मन तो कहीं और खोया था। वे बहुत कोशिश करने पर भी पति के अनमने रहने का न तो कोई कारण तलाश पा रही थीं और न ही उसका कोई उपाय सूझता था।

कल वे कांचना दीदी के आश्रम में गईं तो सबने भावभीना स्वागत किया। वैष्णवियाँ तो उन्हें गौरप्रभु की पत्नी होने के नाते इतना मान दे रही थीं कि वे सकुचा ही गईं। जब वे लौटने लगीं तो आश्रम की वृद्धा तारिणी माँ ने आशीर्वाद देते हुए कहा था, "आओ पुत्री! महान् कार्य होनेवाला है।"

उस रात वे रसोईघर समेटकर कमरे में पहुँचीं तो गौरहरि एक ग्रंथ खोले बैठे थे। उन्हें देखकर बोले, "प्रिये! आओ, समीप बैठो! तुमसे कुछ माँगना चाहता हूँ। आशा करता हूँ कि तुम इस याचक को रीते हाथ नहीं लौटाओगी।"

विष्णुप्रिया चौंकी।

"प्रभु! आपकी तो आज्ञा मेरे सिर-माथे पर है। मैं अकिंचन आपको

क्या दे सकती हूँ?''

''मुझे तुमसे संन्यास लेने की आज्ञा चाहिए।'' गौरांग बोले।

विष्णुप्रिया ये शब्द सुनते ही चौंकीं!

''क्या कहा स्वामी! आप गृहत्यागी होना चाहते हैं?''

''हाँ प्रिये! अब उचित समय आ गया है कि मैं गृहस्थ जीवन त्याग दूँ।''

''मैं आपके धर्मप्रचार व कार्य में बाधा हूँ तो मैं कल ही पिता के घर लौट जाऊँगी, आप मेरे कारण संन्यासी न बनें।''

''न प्रिये! तुम मेरी बाधा नहीं। तुम तो मेरी शक्ति हो। तुम्हारे सहयोग के बिना तो मैं कुछ भी नहीं कर पाऊँगा।''

विष्णुप्रिया ने पूछा, ''स्वामी! आप घर में रहकर भी तो धर्म-कार्य कर सकते हैं।''

''न, संन्यास लिये बिना धर्म-प्रचार का अधिकार नहीं मिलता। देश भर में धर्म की हानि हो रही है। लाखों जन आर्त स्वर में पुकार रहे हैं। मैं उनकी पुकार को अब और अनसुना नहीं कर सकता।''

विष्णुप्रिया ने स्वयं को सँभालकर कहा, ''प्रभु! मैंने तो सदा आपके सुख में ही अपना सुख जाना है। यदि इसी में आपको सुख मिलेगा तो मैं सहर्ष अनुमति दूँगी। इस संसार के सुखों का तो मुझे कभी मोह ही नहीं रहा, परंतु आपका दर्शन व सेवा मेरा जीवन-धन है।''

गौरांग ने उन्हें आलिंगन में बाँध लिया, ''प्रिये! इस जगत् में जो कुछ भी दिखता है, वह प्राप्य है। पति-पत्नी, माता-पिता, ये सब प्राप्त है। इस संसार में कोई किसी के साथ नहीं जाता। श्रीकृष्ण के चरणों के अतिरिक्त हमारा कोई स्वजन नहीं। शेष तो उन्हीं की माया है। सभी नर-नारियों में एक ही आत्मा है, किंतु मिथ्या माया के कारण विश्व दिखाई पड़ता है। श्रीकृष्ण ही सबके पति हैं, बाकी सभी प्रकृति हैं—रक्त व रेतस के संयोग से मल-मूत्र के स्थान से जीव उत्पन्न होता है।

वह बालक युवा होकर अपने अभिमान में तरह-तरह के कष्ट उठाता है। वृद्ध हो जाता है तो मित्र ही शत्रु बन जाते हैं। अपना ही शरीर साथ नहीं देता, वह सबको कोसता रहता है, परंतु फिर भी गोविंद को भजने का समय नहीं निकालता।''

विष्णुप्रिया ने पति के ये शब्द सुने तो उनके हृदय में वैराग्य का भाव प्रबल हुआ और उन्होंने मन कड़ा कर पति को धर्म के पथ पर चलने की अनुमति दे दी।

विष्णुप्रिया ने कहा, ''प्रभु! मैं तो अपने कर्तव्य-पालन को तत्पर हूँ किंतु माँ कैसे यह शोक सह सकेंगी। एक तो वृद्धावस्था और ऊपर से यह समाचार।''

''प्रिये! मैं निश्‍चिंत हुआ। मेरे जाने के बाद तुम माँ की भली-भाँति सेवा करोगी, उनका ध्यान रखोगी। अपने लिए दुख की इन घड़ियों के बावजूद तुम्हें माँ के दुख की चिंता सता रही है। आज दिन में मैं माँ से इस विषय में अनुमति ले चुका हूँ।''

□

निमाई से श्रीकृष्ण चैतन्य भारती

कहते हैं कि संन्यास ग्रहण करने से पूर्व ही निमाई ने पत्नी को भी मंत्रदीक्षा दे दी थी। विष्णुप्रिया ने अपने लिए जीवन का संबल पा लिया।

इस चर्चा के बाद कुछ दिन सहज भाव से बीत गए। एक दिन गौरहरि ने सोचा, ''यदि मैं पूरे घर व भक्तजन के सामने संन्यास धारण करके निकला तो इन सबका शोक दुगुना हो जाएगा। उसे देख मुझे भी मर्मांतक वेदना होगी, अतः यही उचित होगा कि मैं गुपचुप ही चला जाऊँ।''

उस रात विष्णुप्रिये ने रोज की तरह पति के चरण-कमलों की सेवा की और वे अध्यात्म तथा भक्ति पर चर्चा करने लगे। जाने कब उनकी आँख लग गई। सुबह उठीं तो पति बिस्तर पर नहीं थे। निमाई रात को सबको गहरी नींद में सोता छोड़कर गृहत्यागी हो गए थे। शची माँ द्वार पर बैठीं एक ओर घूर रही थीं। विष्णुप्रिया ने पछाड़ खाई और माँ के चरणों में गिर पड़ीं।

''माँ! प्रभु चले गए।''

शची माँ ने बहू को सीने से लगा लिया। उन दो स्त्रियों के दुख की कल्पना भी कौन कर सकता है, जिन्होंने अपने सर्वस्व को संसार के कल्याण के लिए अर्पित कर दिया हो। घाट पर तो कोई नाव भी नहीं

बँधी थी। हाहाकार करते भक्तों ने चारों ओर खोजबीन के बाद निष्कर्ष निकाला कि संभवतः गौरहरि रात को तैरकर ही नदी पार चले गए।

विष्णुप्रिया की सुध लौटी तो उन्होंने स्वयं को सँभाल लिया और माँ के आँसू पोंछकर कहा, ''न माँ! अब हम विलाप नहीं करेंगी। महाप्रभु ने संसार के कल्याण के निमित्त जो कदम बढ़ाया है, हम उसके लिए रोकर अपशकुन क्यों करें। हमें तो ईश्वर से प्रार्थना करनी चाहिए कि वे अपने लक्ष्य में सफल हों।''

अल्पायु बहू के मुख से ऐसी बातें सुनकर शची माँ का कलेजा फटने को आ गया। गौरहरि ने बहू को भी अपने ही रंग में रँग दिया था। पति व गृहस्थ सुख से वंचित निःसंतान पुत्रवधू केवल भगवद्नाम के आश्रय से जीवन व्यतीत करेगी, यही पीड़ा उनके मन को चोट पहुँचाने लगी।

तभी द्वार पर कांचना दिखी। हाथ में जरूरी सामान और कपड़ों की पोटली थी।

शची माँ ने प्रश्नसूचक निगाहों से देखा तो वह बोली, ''सुबह गौरांग प्रभु ने स्वप्न में कहा कि मुझे अब से अपनी सखी का सहारा बनना होगा। उसी के साथ रहना होगा। बस वही सुनकर मैं चली आई।''

विष्णुप्रिया ने कांचना को गले से लगा लिया। प्रभु ने जाते-जाते भी उनका ध्यान रखा। उन्हें नितांत अकेला नहीं होने दिया।

□

उधर निमाई प्रभु कटवा में स्वामी केशव भारती के आश्रम में पहुँचे और उनसे प्रार्थना की कि वे उन्हें संन्यास ग्रहण करने के लिए मंत्र-दीक्षा दें। तब तक अन्य भक्तगण भी वहाँ पहुँच गए थे।

प्रभु ने सबको देखा और किसी ने कीर्तन आरंभ कर दिया, फिर तो पूरा कटवा हरिनाम की धुन से गूँज उठा। स्वयं केशव भारती भी गौरांग

प्रभु के भावुक नर्तन के आनंदरस में डूब से गए।

केशव भारती बोले, ''निमाई! आपकी आयु अभी कम है। आपको अपनी पत्नी व माँ के प्रति उत्तरदायित्व भी निभाना है, अत: आप लौट जाएँ। संन्यास लेने का उचित समय नहीं आया।''

सुनकर तो गौरहरि और भी विभोर होकर कीर्तन करने लगे। केशव भारती की सभी कोशिशें बेकार गईं तो उन्होंने अगले दिन दीक्षा उत्सव का प्रबंध करने को कहा। कटवा में हजारों नर-नारी आ जुटे।

नवद्वीपवासी रो-रोकर अधमरे हो रहे थे। उनके प्रिय निमाई ने नवद्वीप त्याग दिया। वे संन्यासी हो जाएँगे, इस हृदयविदारक समाचार ने सबको व्यथित कर दिया। दीक्षा उत्सव के लिए स्वयं ही प्रबंध होने लगे। लोग बिना कहे ही सबकुछ लाते जा रहे थे। अगले दिन हरिदास नायित को मुंडन के लिए बुलाया गया था।

वह तो मुंडन के लिए राजी ही नहीं होता, पर उसने किसी तरह आँसू बहाते-बहाते गौरहरि के सुंदर घुँघराले काले केश उतारे और फिर अपना सारा सामान नदी में फेंक दिया। उस दिन के बाद से उसने नायित का कार्य नहीं किया। प्रभु के स्पर्श मात्र से दिव्य ज्ञान प्राप्त कर उनके भक्तों की मंडली में शामिल हो गया।

स्वामी भारती ने नेत्र मूँदे तो कुछ ही क्षणों में जान गए कि संन्यास दीक्षा व मंत्रग्रहण तो केवल लोकशिक्षा के लिए हो रहा था। मंत्र तो गौरहरि पहले से ही जानते थे। श्री श्री चैतन्य भागवन में लिखा है—

पाइया उचित नाम केशव भारती।
प्रभु-वक्षे हस्त दिया तले शुद्धमति॥
मत जगतेर तुमि 'कृष्ण' बोलाइया।
कराइला चैतन्य-कीर्तन प्रकाशिया॥
सतेके नोमार नाम श्रीकृष्णचैतन्य।
सर्वलोक तोमा हइते याते हइल धन्य॥

(उचित नाम मिल जाने पर शुद्धमति केशव भारती प्रभु की छाती पर हाथ रखकर कहने लगे—कीर्तन प्रकाशित करके तुमने सारे जगत् को 'कृष्ण' कहलवाकर चैतन्यता प्रदान की है, अतः तुम्हारा नाम 'श्रीकृष्ण चैतन्य' रखा जा रहा है। सब तुम्हारे इस नाम से ही धन्य हो जाएँगे।)

देदीप्यमान मुंडित चेहरा, काषाय उत्तरीय, कोपीन व हाथ में दंड। उस परिव्राजक को नया नाम मिला 'श्रीकृष्ण चैतन्य भारती।'

जिस स्थान पर उन्होंने मंत्रदीक्षा पाई, वहाँ कालांतर में 'चैतन्य मठ' की स्थापना की गई।

□

निमाई का पुरी में वास

श्री निमाई संन्यासी बनने के बाद विभिन्न प्रदेशों से होते हुए आगे बढ़े। भक्त और अनुयायी साथ-साथ चलते। इस तरह वे लोग शांतिपुर पहुँचे।

प्रभु ने स्वयं निताई से कहा, ''जाओ, माँ को यहीं ले आओ।''

निताई शची माँ को लेने पहुँचे। शची माँ ने विष्णुप्रिया को भी चलने को कहा, किंतु वे बोलीं, ''नहीं माँ, संन्यासी के लिए पत्नी का मुख देखना मना है। मैं कैसे जा सकती हूँ।''

''तो मैं भी नहीं जानेवाली।'' शची माँ ने भी जाने से मना कर दिया।

निताई दुखी स्वर में बोले, ''माँ! वे ठीक कहती हैं, प्रभु ने ऐसी ही आज्ञा दी है।''

तब सारा नदिया, शची माँ व वैष्णव समाज परिव्राजक गौरांग से मिलने चल दिया। विष्णुप्रिया घर के बरामदे में अकेली बैठी थीं। कैसी विडंबना थी कि जिसके वे परम जन हैं, वही उन्हें नहीं देख सकतीं। मन में यह बात आते ही अचानक खड़ाऊँ की आवाज़ सुनाई दी, सामने देखा तो प्रभु यति वेष में दिखे। वे बोले, ''प्रिये! जब-जब मुझे पुकारोगी, मैं अवश्य आऊँगा। तुम ही तो मेरी शक्ति हो। भला मैं तुमसे विलग हो सकता हूँ। उत्साह से मेरा सहयोग करो। मोह-माया से ऊपर उठो।''

फिर खड़ाऊँ की आवाज दूर होती चली गई। हरिप्रिया ने अपने गौरांग का वह दिव्य रूप देख लिया था, जिसे वे सामाजिक व शास्त्रीय नियमों के कारण देखने नहीं जा सकी थीं।

शची माँ घर लौटीं तो पुत्रवधू को बताया कि निमाई हमेशा के लिए वृंदावन जाना चाहते थे, किंतु माँ के आग्रह से वे मान गए हैं कि वृंदावन जाने की बजाय वे पुरी में ही निवास करेंगे।

पुरी बंगाल के निकट था, अतः माँ के मन को सांत्वना थी कि पुत्र का कुशल समाचार शीघ्रता व सरलता से मिल जाया करेगा।

चैतन्य ने पुरी की यात्रा आरंभ की। राह की सभी कष्ट-बाधाएँ हरिनाम के प्रभाव से समाप्त हो गईं। श्री जगन्नाथ मंदिर की ध्वजा देखते ही चैतन्य बावलों की भाँति दौड़े व मंदिर में प्रवेश कर गए। ज्यों ही वे मूर्तियों की तरफ दौड़े तो पहरेदार ने रोक दिया।

वे वहीं बेहोश हो गए। अविचारी पंडों ने समझा कि कोई विक्षिप्त मूर्तियाँ झपटने के लिए भीतर जा रहा है। वे उन्हें बेंतों से पीटने लगे और किसी-किसी ने तो उन्हें बलपूर्वक वहाँ से हटाना भी चाहा।

तभी महाराज के आत्मीय पंडित सार्वभौम ने यह दृश्य देखा। तब तक निमाई के संगी-साथी भी आ गए थे। वासुदेव ने परामर्श दिया कि अचेत व्यक्ति को उनके निवास पर ले जाया जाए।

बातों-ही-बातों में उन्हें चैतन्य का वास्तविक परिचय मिला तो बहुत प्रसन्न हुए, क्योंकि उन दिनों चैतन्य महाप्रभु की कीर्ति चारों ओर फैली हुई थी। सभी भक्तजन ने महाप्रसाद पाया। चैतन्य प्रभु सचेत हुए तो वासुदेव बोले, "तुम मुझसे वेदांत शास्त्र सीखो। इससे बुद्धि का परिमार्जन होगा।"

चैतन्य प्रभु ने सहर्ष हामी भर दी। वे कई दिन तक पंडितजी की व्याख्याएँ सुनते रहे, किंतु एक दिन भी कोई शंका या जिज्ञासा प्रकट नहीं की।

पूछने पर बोले, "सूत्रभाष्य तो समझ में आता है किंतु आपकी व्याख्या से भ्रांति उत्पन्न होती है।"

वासुदेव क्रोधित हो उठे किंतु निमाई ने विस्तार से व्याख्याओं पर चर्चा की तो उन्हें भी मान लेना पड़ा कि वे गलत थे। वासुदेवजी का अद्वैतवाद महाप्रभु के सामने जाने कहाँ बह गया।

चैतन्य प्रभु के भक्तिभाव ने उनके पांडित्य के अहंकार को गला दिया और मन की आँखों से देखते ही वासुदेव चैतन्य प्रभु के वास्तविक स्वरूप को पहचान गए।

"अरे! ये तो वही दीनबंधु हैं, जिनके दर्शन मात्र के लिए जीवन तरसता है। मैं इन्हीं के सामने शास्त्र बखानने लगा।"

वे रोते-रोते महाप्रभु के चरणों में गिर पड़े। उस दिन के बाद से वे चैतन्य प्रभु को ही अपना इष्ट मानकर पूजने लगे।

चैतन्यदेवजी को पुरी में सभी जानने लगे थे। नवद्वीप के भक्तजन भी आते-जाते शची माँ तक कोई-न-कोई समाचार पहुँचा देते।

इस प्रकार पुरी में चैतन्य महाप्रभु जगन्नाथजी को कृष्ण के रूप में ही देखते और पूर्णतः तन्मय हो जाते।

□

चैतन्य की दक्षिण यात्रा

चैतन्य महाप्रभु की तत्कालीन तीर्थयात्राएँ भी अपना ही महत्त्व रखती हैं। आंतरिक आध्यात्मिक प्रेरणावश वे स्वयं ही भिन्न-भिन्न स्थानों पर जाते रहे।

किसी-किसी यात्रा में तो एक व्यक्तिगत परिचालक के अतिरिक्त उनके साथ कोई और नहीं होता था। कहते हैं कि एक बार गोविंद कर्मकार नामक व्यक्ति साथ गया था और उसने उनकी तीर्थयात्राओं का विस्तृत विवरण लिखा था।

चैतन्य की तीर्थयात्रा किसी विशेष धार्मिक स्थल अथवा मंदिर तक नहीं थी। वे अनेक मंदिरों, गाँवों, आध्यात्मिक केंद्रों व प्रांतों में गए। उनके किसी भी स्थान पर पहुँचने से पहले ही लोगों की भीड़ जुट जाती।

यद्यपि उनकी तीर्थयात्रा का वर्णन विस्तार से करना संभव नहीं है, किंतु कुछ रोचक व प्रेरक घटनाएँ तो दी ही जा सकती हैं। चैतन्य की दक्षिण भारत की यात्रा भी विशेष रूप से फलदायी रही। वहाँ तब तक सनातन धर्म, संस्कृति व शिक्षा का प्रचार था। यह अनेक महान् आचार्यों की जन्मस्थली थी। संभवतः वे अपने बड़े भाई को भी खोजना चाहते थे, क्योंकि उन्होंने अपने अंतरंग शिष्य के सामने एक बार यह इच्छा प्रकट की थी।

नित्यानंदजी को दक्षिण भारत की काफी जानकारी थी। उन्होंने

साथ जाने की इच्छा प्रकट की। अन्य भक्त भी साथ जाने के इच्छुक थे, किंतु प्रभु के मना करने पर उन्हें चुप रह जाना पड़ा। वे किसी भी दशा में महाप्रभु को अकेले नहीं जाने देना चाहते थे, अतः तय पाया गया कि कृष्णदास नामक भक्त सेवक के रूप में साथ जाएगा।

तीर्थयात्रा का शुभारंभ हुआ। आश्रम, देवालय, भक्तों के घर व मंदिर भिक्षान्न जुटा देते। महाप्रभु बड़े ही भक्तिभाव से प्रभु का नाम-स्मरण करते आगे चल दिए। वे लोगों को हरि-संकीर्तन करने का उपदेश देते।

पांडित्य व विद्वत्ता के मद में चूर पंडित भी हरि संकीर्तन की धुन में मग्न होकर नृत्य करने लगते।

□

रामानंद राय एक कुशल राजनीतिज्ञ थे। वे महाराज प्रतापरुद्र के अधीन विद्यानगर का शासन चलाते थे। चैतन्य प्रभु ने उनसे भी मिलने की इच्छा प्रकट की।

वे गोदावरी में स्नान के पश्चात् वहीं घाट पर ध्यान लगाकर बैठ गए। राय वहाँ स्नान के लिए पधारे व शास्त्रोक्त विधि से दानादि कार्य संपन्न किया। कहते हैं कि परस्पर अनुकूल शक्तियाँ एक-दूसरे को अपनी ओर खींचती हैं। वे स्वतः घाट पर बैठे संन्यासी की ओर आकर्षित हुए। परिचय पूछने पर पता चला कि चैतन्य तो स्वयं उनसे भेंट की इच्छा से ही वहाँ आए थे।

परस्पर अभिवादन व कुशलक्षेम के पश्चात् तो जैसे दोनों अभिन्न स्नेह में बँध गए। राय ने वहीं एकांत में उनकी रहने की व्यवस्था करवा दी। एक ब्राह्मण ने अपने घर से भिक्षा लेने का आग्रह किया। राय स्वयं बहुत बड़े विद्वान् थे, किंतु चैतन्य से भवसागर पार करने का उपाय पूछने लगे। कहना न होगा कि वे दोनों ही एक-दूसरे से बहुत कुछ

जानने की जिज्ञासा रखते थे।

चैतन्य उनसे बोले, "कृपया राधाकृष्ण तत्त्व बताकर मेरी जिज्ञासा शांत करें।"

राय भी चैतन्य के आग्रह की उपेक्षा नहीं कर सके। इन दोनों के वार्त्तालाप का विस्तृत विवरण 'चैतन्य चरितामृत' नामक ग्रंथ में आता है। यह वार्त्तालाप चैतन्य द्वारा दिए गए भक्ति मार्ग के सिद्धांतों का भी परिचय देता है। उनकी तथा राय के बीच हुई चर्चा का संक्षिप्त भावानुवाद प्रस्तुत है—

प्रभु बोले—तुम श्लोक पढ़ो व निर्णय करो साध्य का।
कहें राय—हरि भक्ति लभ्य, करके पालन स्वधर्म का॥
प्रभु बोले—यह बाह्य हुआ, अब कहो और आगे का।
कहें राय—कृष्ण कर्मापर्ण सार सर्व साध्य का॥
प्रभु बोले—यह बाह्य हुआ, अब कहो और आगे का।
कहें राय—सर्वधर्म त्याग है, सार भक्ति साध्य का॥
प्रभु बोले—यह बाह्य हुआ, अब कहो और आगे का।
कहें राय—हैं ज्ञानमिश्र भक्ति ही सार साध्य का॥
प्रभु बोले—यह भी है बाह्य, कहो और आगे का।
कहें राय—है ज्ञानशून्य भक्ति हो सार साध्य का॥
प्रभु बोले—यह भी है बाह्य, कहो और आगे का।
कहें राय—है प्रेमभक्ति ही सर्वसार साध्य का॥
प्रभु बोले—यह भी होता है, कहो और आगे का।
कहें राय—है दास्य प्रेम ही, सार सर्वसाध्य का॥
प्रभु बोले—यह भी होता है, कहो और आगे का।
कहें राय—है सख्य प्रेम ही, सार सर्वसाध्य का॥
प्रभु बोले—यह भी उत्तम है, कहो और आगे का।
कहें राय—वात्सल्य-प्रेम ही सार सर्व साध्य का॥

प्रभु बोले—यह भी उत्तम है, कहो और आगे का।
कहें राय— है कांत भाव ही सार सर्व साध्य का॥
सर्व साध्य में महाश्रेष्ठतम राधा-प्रेम यही है।
इसी की महिमा सर्व शास्त्र-ग्रंथों में व्याक्त हुई है॥

इसके पश्चात् चैतन्यदेव के श्रीराधाकृष्ण तत्त्व सुनने की इच्छा प्रकट करने पर रामानंद ने उसका भी शास्त्र प्रमाण के साथ वर्णन किया।

चैतन्यदेव—श्रीकृष्ण का क्या स्वरूप है?

रामानंद—ईश्वर: परम: कृष्ण: सच्चिदानन्द-विग्रह:। अनादिकादि: गोविन्द: सर्वकष्टकारक:॥

जो सृष्टि स्थित-प्रलयकर्ता, सारे जगत् के मूल परमात्मा परमजन सच्चिदानंद मूर्ति हैं, जो अनादि होकर भी सबके आदि कारण हैं, वे गोविंद ही श्रीकृष्ण हैं।

चैतन्यदेव—श्रीराधा के स्वरूप का वर्णन कीजिए?

रामानंद—देवी कृष्णमयी प्रोक्ता राधिका परदेवता। सर्वलखममयी सर्वकान्ति: सम्मोहिनी परा॥

जो निखिल सौंदर्य एवं निखिल ऐश्वर्य की आधारभूता हैं, त्रैलोक्य विमोहिनी हैं, सर्वातीता तथा सर्वपालिका हैं और परमात्मा श्रीकृष्ण के साथ अभिन्न हैं, उनकी स्वरूप शक्ति का ही शास्त्र में देवी राधिका के रूप में वर्णन किया गया है।

वे कृष्ण को आह्लाद प्रदान करती हैं, अत: उनका नाम आह्लादिनी है। प्रेम के परमसार को महाभाव समझना चाहिए और राधारानी उसी महाभाव की प्रतिमूर्ति हैं।

राधा पूर्ण शक्ति व कृष्ण पूर्ण शक्तिमान हैं। राधा सदा एकस्वरूप हैं तथा लीला रस आस्वादन करने के लिए दो रूप धारण करते हैं।

चैतन्यदेव—प्रभु के किस भाव में माधुर्य का सर्वाधिक आस्वादन होता है?

रामानंद—कांता भाव में—मधुर रस में भजन में ही सर्वाधिक माधुर्य है।

चैतन्यदेव—कांता भाव उपासना की प्रणाली क्या है?

रामानंद—श्रीमती राधारानी की किसी सखी के भाव का आश्रय लेकर साधना करने से वह तत्त्व स्फुरित होता है। सखी के अतिरिक्त इस लीला में अन्य किसी को प्रवेश नहीं है। सखी भाव का आश्रय लेकर साधना करनेवाले को ही राधाकृष्ण-कुंज-सेवा का साध्य मिलता है। इसकी उपलब्धि का कोई दूसरा उपाय नहीं है।

चैतन्यदेव—आप कहते हैं कि कृष्ण की प्रेयसियों में राधारानी ही श्रेष्ठ हैं तो फिर उनका भाव छोड़कर उनकी सखियों के भाव का आश्रय लेने का क्या कारण है?

रामानंद—प्रेमी भक्त अपने सुखभोग की आकांक्षा से प्रभु का भजन नहीं करते। केवल प्रेमास्पद की अधिक-से-अधिक सुख कामना ही निष्काम प्रेम का लक्ष्य होती है। राधारानी के प्रेम से ही श्रीकृष्ण अत्यधिक उल्लसित होते हैं, यह जानकर सखियों की एकमात्र आकांक्षा होती है कि राधाकृष्ण का मिलन हो और हम युगल मूर्ति की सेवा कर सकें। सखियों का निष्काम भजन ही साधक का आदर्श है। गोपीप्रेम कामगंधहीन प्रेम है।

चैतन्यदेव—इसमें व काम प्रेम में क्या अंतर है?

रामानंद—अपने प्रति प्रीति की इच्छा काम कहलाती है, वह कृष्ण के लिए प्रीति की इच्छा को प्रेम कहते हैं। गोपियों का प्रेम सहज होता है, वह प्राकृत काम नहीं है। जो काम-क्रीड़ा के समान है, उसी को काम की संज्ञा दी जाती है। अपने इंद्रिय सुख के हेतु जो कुछ किया जाता है, वही श्रेष्ठ गोपीभाव है।

गोपियाँ इंद्रिय-सुख की आकांक्षा नहीं रखती, वे कृष्ण को आनंद देने के लिए ही उनके साथ मिलन व विहार करती हैं।

चैतन्यदेव—इस प्रकार भाव में तन्मय होकर भजन करने से लगता है कि शास्त्रविधि के अनुसार नित्य-नैमित्तिक कर्म उपासना आदि करना संभव नहीं रह पाएगा।

रामानंद—उस गोपी-भावामृत के लिए, जिसका हृदय लुब्ध होता है, वह वेद निहित धर्म को भी त्यागकर कृष्ण को भजता है। जो व्यक्ति इस रागानुराग मार्ग से उनका भजन करता है, वही ब्रज में ब्रजेंद्र नंदन को प्राप्त करता है।

(श्री चैतन्य महाप्रभु, स्वामी साहदेशानंद से साभार)

रामानंद और चैतन्यदेव ने इस प्रकार काफी लंबे समय तक परस्पर वार्त्तालाप किया और भाव-विभोर हो गए।

चैतन्यदेव तो स्वयं इन अनुभूतियों को जान चुके थे, किंतु राय ने उन्हें शास्त्रों के प्रमाणों सहित दार्शनिक प्रणाली से यह जानकारी दी। चैतन्य को तो परम आनंद हुआ ही, राय भी जान गए कि उनके सम्मुख बैठे संन्यासी भक्ति व ज्ञान में सर्वोपरि पद रखते हैं।

उन्होंने इससे पूर्व कभी किसी मानवदेह में इतनी उच्च अवस्थाओं की अभिव्यक्ति नहीं देखी थी। राय गद्गद हो बोले, "प्रभु! पहले तो मैंने आपको एक संन्यासी ही समझा था, किंतु अब जाना कि आप तो स्वयं ही जीवों को प्रेमशक्ति का वरदान देने आए हैं। आपने हमें भुलावा देने के लिए अपने श्याम वर्ण को गौर वर्ण से ढक लिया है।"

चैतन्यदेव हँस दिए।

"तुम सरीखा भक्त ही ऐसा देख सकता है। यह सब देखने के लिए जो नेत्र चाहिए, वे सबके पास नहीं होते। शास्त्र कहते हैं कि तत्त्वदृष्टि-परायण उत्तम भक्तगण सर्वत्र ही सब कुछ भगवद्दृष्टि से देखते हैं।"

इसी प्रकार भक्ति व प्रेमरस में सराबोर दोनों महापुरुषों ने दस दिवस व्यतीत किए। राय तो किसी भी दशा में चैतन्य को जाने नहीं देना

चाहते थे। मोह का ऐसा घेरा पड़ गया था कि छूटता ही नहीं था।

महाप्रभु उनसे बोले, "मैं इस समय दक्षिण भारत की यात्रा पर निकला हूँ। इस पुण्यभूमि के दर्शनों के बाद पुनः नीलांचल (पुरी) में ही निंवास करूँगा। आपसे पुनः वहीं भेंट होगी।"

"सच! क्या हम पुनः मिल सकेंगे।"

"अवश्य, पुरी में हम आनंदपूर्वक रहेंगे।"

चैतन्य महाप्रभु का आश्वासन पाकर राय की आँखों में खुशी के आँसू उमड़ आए।

□

चैतन्यदेव जहाँ भी जाते, लोगों के जीवन की दिशा ही बदल जाती। आंध्र प्रदेश के तीर्थस्थलों का भ्रमण करते समय चैतन्य की भेंट पंडितों से हुई। कहते हैं कि उन्होंने भी महाप्रभु के साथ काफी लंबे समय तक शास्त्रार्थ किया। उनसे परास्त होने के बाद बौद्धों ने उनके मत को मान लिया तथा कालांतर में उस अंचल के बौद्ध भी चैतन्य के वैष्णव संप्रदाय का ही एक अंग बन गए।

चैतन्यदेव ने बड़े ही भक्तिभाव से तिरुपति के बालाजी के दर्शन किए। काँची में उन्होंने कामाक्षी देवी के दर्शन किए। दक्षिण के तीर्थों में बसे सभी देवविग्रहों पर उनकी श्रद्धा एवं आस्था थी।

श्रीरंगक्षेत्र में कावेरी स्नान व विग्रह दर्शन के पश्चात् वे भाव-विभोर होकर नृत्य-गायन में मग्न हो गए। श्रीरंगम में इस अलौकिक संन्यासी के आगमन का समाचार फैल गया। उन्होंने श्रीरंगनाथ में ही चातुर्मास बिताने का निर्णय किया। मंदिर में प्रणाम, दर्शन, प्रदक्षिणा व भजन-कीर्तन में ही पूरा दिन बीत जाता। ब्राह्मणों का अनुरोध था कि वे एक ही गृह से भिक्षा ले लिया करें, किंतु चैतन्यदेव ने अपना नियम नहीं तोड़ा। वे प्रतिदिन अलग-अलग घर से भिक्षा लेकर भोजन ग्रहण करते।

एक बार महाप्रभु ने एक ब्राह्मण को मंदिर में गीतापाठ करते सुना।

गीतापाठ में बहुत सी भूलें हो रही थीं और श्रोता उन्हें सुन-सुन कर कटाक्ष कर रहे थे। ब्राह्मण महोदय की आँखों से आँसू टपकते जाते।

महाप्रभु ने उनसे पूछा, "क्या आप इन लोगों के उपालंभों से दुखी हैं?"

"नहीं महाराज, मैं तो अपने ही आनंद में रोता हूँ। कोई चाहे कुछ भी कहे, मुझे कोई प्रभाव नहीं होता।"

"कैसा आनंद?" चैतन्यदेव ने पूछा।

"नेत्र बंद करते ही देख पाता हूँ कि अर्जुन के सारथी की भूमिका में बैठे कृष्ण गीता का उपदेश दे रहे हैं।"

"साधु-साधु! गीता-वाचन में चाहे अशुद्धियाँ होती हों, पर विप्रवर, आपने सच्चे अर्थों में गीता का सार पाया है।"

चैतन्य ने उन्हें प्रेमालिंगन में बाँध लिया।

इसी स्थान पर चैतन्य की भेंट गोपाल भट्ट से हुई। जिन्होंने कुछ समय बाद वृंदावन में श्रीरूप सनातन के साथ मिलकर चैतन्य महाप्रभु के भक्तिमार्ग का प्रचार किया। श्री गोपाल भट्ट गौड़ीय वैष्णव धर्म के प्रधान आचार्य—छह गोस्वामियों में से एक हैं।

ऋषम पर्वत पर चैतन्यदेव की भेंट परमानंद पुरी महाराज से हुई। वे ईश्वरपुरी के गुरुभ्राता थे और चैतन्यदेव ने पहले ही उनके विषय में सुन रखा था। परस्पर प्रीति आलाप के बाद चैतन्यदेव ने उनके पास रहने का आग्रह किया तो वे बोले, "निश्चित रूप से हम एकत्र रहेंगे। आप दक्षिण की यात्रा के पश्चात् पुरी जाएँगे तो मैं भी वहीं आ जाऊँगा।"

यह सुनकर चैतन्य हर्षित हुए और सुखपूर्वक मदुरै पहुँचे। वहाँ मीनाक्षी देवी के मंदिर में उनकी भेंट एक रामभक्त विप्र से हुई। वह उन्हें अपने घर ले गया। अगली दुपहर तक जब उसने रसोई बाँधने का कोई उपक्रम नहीं किया तो चैतन्यदेव ने इसका कारण पूछ ही लिया। वह बोला, "प्रभु! मैं तो वन में रहता हूँ। लक्ष्मण वन से कंद-मूल

लाएँगे तो भोजन पकेगा।''

चैतन्यदेव ब्राह्मण का यह भाव सुनकर मुदित हो गए। अपने प्रभु से ऐसी अंतरंगता वास्तव में अचरज का विषय थी। तीसरे पहर भोजनादि समाप्त हुआ। ब्राह्मण ने तब भी कुछ न खाया। चैतन्य के कारण पूछने पर बोले, ''विप्रवर! मेरा उपवास है।''

''क्यों?''

''सुना है, रावण ने माँ सीता का हरण कर लिया। अब तो जीवित रहने की इच्छा ही नहीं रही।''

''नहीं, माता सीता का हरण कैसे हो सकता है। किसी में इतना साहस कहाँ कि उन्हें स्पर्श भी कर सके। रावण ने तो सीता की आकृति में माया को हरा था। आप शोक त्यागें और भोजन कर लें।'' इस प्रकार चैतन्य ने ब्राह्मण को नाना प्रकार से सांत्वना देकर भोजन करवाया।

उक्त ब्राह्मण से हुई भेंट ने चैतन्य को बहुत प्रभावित किया। वे आजीवन उस रामभक्त को भुला नहीं पाए। इसके बाद उन्होंने काफी समय तक रामेश्वर तीर्थ में विश्राम किया। वहीं एक बार कथा-श्रवण के दौरान उन्होंने सुना कि रावण ने माया सीता को हरा था। चैतन्य महाप्रभु ने उक्त ग्रंथ करते हुए पृष्ठों की प्रतिलिपि तैयार करके वहाँ रखी और पुराने पृष्ठों को साथ ले लिया। वे विशेष रूप से उन ब्राह्मण महोदय के पास वापस लौटे तथा उन्हें वे पृष्ठ दिखाए। सरलमना विप्र ने इस तथ्य को जाना तो उसके आनंद की सीमा न रही और वह महाप्रभु के साथ प्रेमालिंगन में बँध गया।

□

चैतन्य द्वारा तीर्थ-भ्रमण

इसी तरह भ्रमण करते-करते महाप्रभु कन्याकुमारी आ पहुँचे—तीन ओर से पछाड़ें खाता महासागर, ऊँची विशाल चट्टानें और फेनिल जल। चैत्र पूर्णिमा को पश्चिमी समुद्र में सूर्य का गोला डूबता है तो पूर्वी समुद्र से चंद्रमा का गोला उभरता है। दोनों को एक साथ सतह पर देखना, अपने आप में किसी अद्भुत दृश्य से कम नहीं होता। वहाँ पहुँचकर तो चैतन्य प्रभु भी अपनी सुधबुध खो बैठे।

प्रकृति के हर रूप में राधा-माधव की छवि निरखने वाले चैतन्य महाप्रभु को भी कन्याकुमारी के मधुर हास्य ने मोह लिया। कन्याकुमारी से आगे की ओर जाते समय कुछ संन्यासी भी साथ हो लिये। वे भी महाप्रभु के हरि-संकीर्तन के दीवाने हो गए। लगभग पंद्रह कोस का रास्ता तय कर लिया गया, परंतु भिक्षा में एक दाना भी नहीं मिला।

भूखे-प्यासे लोग झल्लाने लगे तो निमाई हँस दिए, "प्रभु की लीला कौन जानता है। वे तो सबके राखनहार हैं। तुम अपना कर्तव्य पूरा करो। वे अपना जानें।"

कहकर महाप्रभु ने फिर से 'हरि बोल, हरि बोल' की धुन छेड़ी और भाव-विभोर हो गए। पहले तो साधु हिचके, किंतु वे भी कीर्तन के जादू से कब तक अछूते रहते। देखते-ही-देखते ऐसा वातावरण बन गया कि पूछिए मत।

पास ही में किसी व्यापारी ने डेरा डाला था। कीर्तन का स्वर सुना और चैतन्य महाप्रभु के दर्शन किए तो गद्गद हो उठा और सबको बड़े आग्रह से भोजन के लिए निमंत्रित कर दिया।

उस रात उसके डेरे पर भूखे-प्यासे साधुओं ने भोजन और विश्राम पाया।

मल्लारदेश में प्रभु की भेंट झपटमारों से हुई। उन्होंने स्त्री व धन के लोभ से उनके सेवक को फाँसना चाहा, किंतु महाप्रभु उसे बचा लाए।

इस यात्रा के दौरान उन्होंने अनेक महत्त्वपूर्ण धार्मिक ग्रंथों का संधान किया तथा बंगाल लाए। आदिकेशव के मंदिर में चर्चा के दौरान उन्होंने ब्रह्म संहिता का परिचय पाया। वे उस सिद्धांत ग्रंथ की प्रतिलिपि अपने साथ ले गए।

पद्मनाभ के दर्शन के बाद वे श्रृंगेरी मठ पहुँचे। फिर उन्होंने उडुपि में माधवाचार्यजी से भेंट की।

फिर वे पंढरपुर नामक प्रसिद्ध तीर्थस्थल पर आए। वहाँ प्रभु का विग्रह विट्ठल नाम से जाना जाता है। वहाँ भीमा नदी में स्नान के पश्चात् चैतन्य ने विट्ठल का दर्शन किया और अपने हरि-संकीर्तन से सबका मन मोह लिया। वहीं अनेक स्नेही संन्यासियों से भेंट हुई और बातों-बातों में निमाई को पता चला कि उनके बड़े भाई इस संसार में नहीं रहे। संन्यासी बाना धारण करने के कुछ समय बाद वे दिवंगत हुए। निमाई के मन में अग्रज से भेंट न होने का खेद तो हुआ किंतु संन्यासी के मन पर मोह-माया के ये आवरण टिकते नहीं। जिन नेत्रों में प्रभु बसे हों, वहाँ किसी और के दर्शन की इच्छा ही नहीं रहती।

महाराष्ट्र के पंढरपुर की तुलना बंगाल के नवद्वीप से की जाती है, क्योंकि वहाँ श्रावण मास की पूर्णिमा को लगनेवाले मेले में लाखों लोग भगवान् के नाम का संकीर्तन करने आते हैं। जिस तरह चैतन्य महाप्रभु

की टोली में जाति-पाँति से परे सभी के लिए स्थान था, उसी तरह वहाँ भी समाज के सभी वर्गों से आए लोग एक साथ मिलकर नाम-कीर्तन का आनंद पाते हैं।

महाप्रभु को कृष्णवेणी नदी के तट पर बिल्वमंगल द्वारा रचित 'श्रीकृष्ण-कर्णामृत' ग्रंथ के पारायण का सौभाग्य मिला। उन्होंने उसकी भी प्रतिलिपि बनवाकर साथ रख ली। एक संन्यासी स्वेच्छा से भारत के प्राचीन शास्त्रीय व सांस्कृतिक ग्रंथों को एक से दूसरे स्थान तक पहुँचाने के महती लक्ष्य में जुटा था।

पुणे में भी उनका भावभीना स्वागत हुआ। तत्कालीन पुणे नगरी में भी विद्वानों का जमावड़ा था। वैष्णव वर्ग के बीच महाप्रभु की ख्याति फैलते देर नहीं लगी। कभी वे दीवानों की तरह कान्हा के प्रेम में मस्त होकर नर्तन करते तो कभी महापंडितों की भाँति दूसरों की जिज्ञासाओं का शमन करते।

कहते हैं कि एक दिन ऐसी ही सभा में एक मसखरे ने झील की तरफ संकेत कर कहा, "महाराज! वे रहे आपके कृष्ण!"

निमाई हरि प्रेमरस से सराबोर थे। बावलों की तरह पूछा, "कहाँ! मुझे तो नहीं दिखे।"

सभी लोग जड़वत् बैठे थे। उस मसखरे ने फिर से झील की ओर संकेत किया और देखते-ही-देखते चैतन्यदेव ने पानी में छलाँग लगा दी। अब बाकी लोगों की सुध लौटी। बड़ी खलबली मची।

महाप्रभु तो कृष्ण के ध्यान में ऐसे खोए थे कि उन्हें जल-थल का होश कहाँ था! उनकी देह पानी में डूबती-उतरती दिख रही थी। तैराकों ने झट से छलाँग लगाई और उन्हें पानी से बाहर लाया गया। कुछ देर बाद उनकी मूर्च्छा टूटी तो देखा कि उस मसखरे को चारों ओर से कड़ी फटकारें पड़ रही थीं। एक-दो व्यक्ति तो हाथ छोड़ने को भी तैयार थे।

महाप्रभु ने सहज भाव से गीले वस्त्र सँभाले और बोले, "अरे

भाई! उसे क्यों दोष देते हो। उसने गलत तो नहीं कहा। हरि तो जल-थल व नभ सब जगह व्याप्त हैं। उसे दिखाई देते हैं, पर मुझे नहीं दिखते तो यह मेरा दोष हुआ न?''

''नहीं महाराज! इसने आपके साथ दिल्लगी की।''

''नहीं रे! दिल्लगी तो हरि करते हैं। सलोना मुख दिखाकर भी छिप जाते हैं। मुझ अभागे को जी भरकर बिरखने भी नहीं देते। जाने कब तक मैं अतृप्त प्राण लिये भटकूँगा।'' कहकर चैतन्य जोर-जोर से रोने लगे। प्रभु वियोग से उपजे इन आँसुओं का संसारी व्यक्तियों के पास कोई प्रत्युत्तर, कोई उपाय नहीं था।

चैतन्य प्रभु महाराष्ट्र के भ्रमण के बाद गुजरात रवाना हुए। यद्यपि जीवनीकारों ने आगे की यात्रा का वृत्तांत विस्तृत रूप से नहीं दिया, किंतु इतना तो स्पष्ट है कि चैतन्य राह में आनेवाले सभी स्थानों की यात्रा के बाद ही पुरी लौटे होंगे।

राह की असुविधाएँ एवं कष्ट भी उन्हें उनके भ्रमण के निश्चय से डिगा नहीं सकते थे। खांडोवा के मंदिर में उन्हें देवदासियों के विषय में पता चला। वे सब प्रभु के दर्शन तो करना चाहती थीं, परंतु लज्जावश आगे आने का साहस न कर सकीं।

चैतन्यदेव ने असीम स्नेह व अनुकंपा से उन्हें अपने पास बुलाया तथा प्रभु की सच्ची भक्ति और सेवा का उपदेश दिया।

इस यात्रा में प्रभु को लगभग दो वर्ष का समय लगा। उन्होंने देश-काल तथा समाज की दुरवस्था एवं धर्म के पतन का परिचय पाया। उन्होंने देखा कि मंदिरों तथा विग्रहों का अभाव न था किंतु वहाँ केवल भोग, अत्याचार व आडंबर का ही खेल चलता था। सच्चे भक्तिभाव से देवालयों में पूजन करनेवाले नाममात्र के ही थे।

उन्होंने प्रयत्न किया कि उस आडंबर व जड़ता को दूर हटाकर, सरल उपासना प्रणाली का प्रचार करें। वे जहाँ भी जाते, लोग उनकी

ओर आकर्षित होते, किंतु विरोधी भी कम न मिलते। वे नाना तरीकों से उन्हें सताते, किंतु अंत में वे उनके भक्त बनकर लौटते।

अनेक साधु-संन्यासी पहले उन्हें अपने तर्कों-वितर्कों से पराजित करने की चेष्टा करते और अंत में उन्हीं के होकर रह जाते। धार्मिक आडंबरों व अनाचारों के बीच पल रहे समाज के लिए गौरांग का आगमन किसी चमत्कार से कम नहीं था।

अपने-अपने संप्रदायों व धर्मों पर नेत्र मूँदकर चलनेवाले भी शीघ्र ही हरिकीर्तन में मग्न हो जाते। सबसे बड़ी बात तो यह थी कि निमाई जिस भी प्रांत में जाते, वहाँ की बोली को अपनी वाणी में आत्मसात् कर लेते। लोगों को ऐसा लगता, मानो उनका कोई अपना ही उन्हें एक नया संदेश देने आया है।

इस प्रकार बड़ी तेजी से वैष्णव धर्म का प्रचार हुआ। कहते हैं कि द्वारका से लौटते समय महाप्रभु की भेंट एक वेश्या से हुई। धन-धान्य से समृद्ध रूपवती वेश्या का अहंकार प्रभु के आगे आते ही धूल-धूसरित हो गया। संगीत की विदुषी वेश्या को हरि-कीर्तन की धुन ने ऐसा मोहा कि वह सबकुछ भुलाकर सदा के लिए मोहन की हो गई। उसने अपना सारी धन-संपदा दासी को सौंप दी और कान्हा के प्रेम में बावली होकर एकांतवास करने लगी।

द्वारका में मंदिर के बाहर बैठे दीन-दुखियों व भिखारियों को देख स्नेहकातर चैतन्य विचलित हो उठे। वे स्वयं प्रसाद माँग-माँगकर लाते और उन दीन-हीनों को तृप्तिपूर्वक भोजन करवाते।

यात्रा से वापसी के दौरान उनकी भेंट एक वन्यदस्यु से हुई। वह उनसे क्या ले जाता। लूटने आया था और स्वयं ही सबकुछ लुटाकर प्रभु के भक्तों का दास बन गया। किसी-किसी यात्रा-वृत्तांत से यह भी पता चलता है कि किस प्रकार चैतन्यदेव ने कठिन व दुर्गम वनों में भोजन के बिना गुजारा किया।

फिर वे विद्यानगर पहुँचे तथा रामानंद राय से पुनः भेंट हुई। लंबे समय से विलग दो आत्माएँ पुनः स्नेहमग्न हुईं। अब राय ने भी पुरी चलने का प्रबंध कर लिया था। चैतन्य प्रभु ने कहा, "यदि चाहें तो हमारे साथ ही चलें।"

"नहीं प्रभु! मैं ठहरा राजकीय सेवक! चाहकर भी हाथी-घोड़े व सेना के बिना नहीं जा सकता। मुझ अभागे को यह सुविधा नहीं कि अपनी इच्छा से कहीं भी अकेले जा सकूँ। यदि आपके साथ गया तो सेना के शोरगुल से आपको भी बाधा होगी। आप प्रस्थान करें। मैं कुछ दिन बाद आऊँगा।"

महाप्रभु आगे बढ़े और अनेक परिचित स्थानों पर स्नेहियों से भेंट की। उन्हें यात्रा के समाचार सुनाए। इस प्रकार इस वीतराग संन्यासी ने अपनी कष्टकारी यात्रा के समृद्ध अनुभवों द्वारा सुदूर स्थानों पर बैठे व्यक्तियों को परस्पर संस्कृतियों, परंपराओं, संप्रदायों, तीर्थस्थलों आदि का सहज ज्ञान करा दिया।

इसी प्रसंग में महाप्रभु द्वारा वासुदेव नामक भक्त के उद्धार की कथा स्मरण आ रही है। यात्रा के दौरान वे कर्मक्षेत्र नामक तीर्थस्थान पर भी रुके थे। वहाँ वासुदेव नामक एक भक्त रहता था। पूर्व कर्मों के फलस्वरूप उसका शरीर कुष्ठ रोग से ग्रस्त हो गया था। पूरे शरीर में सड़न पैदा करनेवाले घाव थे, जिनमें कीड़े रेंगा करते। वासुदेव उन कीड़ों को भी अपने ही प्रारब्ध का फल जानकर सहता। यदि कोई कीड़ा घाव से गिर जाता तो वह उसे फिर से यथास्थान रख देता।

वासुदेव भी चैतन्य के दर्शन करने आया, किंतु लोगों की भारी भीड़ थी और कुछ अपने रोग से उत्पन्न ग्लानिवश वह आगे नहीं बढ़ पा रहा था।

चैतन्य की दृष्टि उस पर पड़ी तो वे स्वयं आसन से उठ खड़े हुए और वासुदेव के बारंबार मना करने पर भी उसे प्रेमालिंगन में बाँध

लिया। उनके मन में न तो कुष्ठ रोगी के घावों से कोई घृणा, न ही छूत का रोग लग जाने का भय। उन्होंने वासुदेव को नाम-कीर्तन का उपदेश देकर कृतार्थ किया। कहते हैं कि कुछ ही समय में वासुदेव का रोग जाता रहा और वह चैतन्य का परम भक्त बनकर उनके धर्म का प्रचार करने लगा।

इस प्रकार चैतन्यदेव स्थान-स्थान के पर्यटन के पश्चात् पुरी लौटे। यह समाचार पाते ही शिष्यगण अपने महाप्रभु के स्वागत के लिए उमड़ पड़े और चिरकाल से प्रतीक्षा कर रहे नेत्रों को महाप्रभु के दर्शन का सौभाग्य प्राप्त हुआ।

□

राजा प्रतापरुद्र का आग्रह

दक्षिणयात्रा से पूर्व जब निमाई पुरी में थे तो महाराज प्रतापरुद्र युद्ध के लिए विजयनगर गए हुए थे। जब वे लौटे तो मंत्रियों ने उस नवीन संन्यासी की महिमा व गुणों का बखान किया। महाराज ने सार्वभौम से कहा, ''आपने उन्हें पुरी से जाने क्यों दिया? यदि वे यहाँ होते तो हम भी उनके दर्शनों का पुण्य लाभ पाते।''

''महाराज! वे तो अपने आप में एक अनूठे व्यक्तित्व हैं। भला संन्यासी को किस सुख-सुविधा के लोभ से रोक सकते हैं। यद्यपि उन्होंने हमारे प्रेमपूर्ण निवेदन को स्वीकारा है तथा आश्वासन दिया है कि भ्रमण के बाद वे पुरी में ही निवास करेंगे।'' सार्वभौम ने कहा।

महाराज ने चैतन्य के लिए एक सुंदर कुटीर तैयार करवा दी। यथासमय महाप्रभु लौटे तथा मंदिर के समीप ही डेरा लगाया। भक्तों के आनंद की सीमा न रही।

महाप्रभु ने भक्तों को संदेश देकर नवद्वीप भेजा कि वे पुरी की आगामी रथयात्रा में अवश्य शामिल हों। यह तो मानो किसी महान् उत्सव की पूर्व भूमिका थी। चारों ओर प्रसन्नता की लहर दौड़ गई। परमानंद पुरी भी पुरी जाने से पहले नवद्वीप गए।

शची माँ के घर उनका यथोचित सत्कार हुआ। उन्होंने वहाँ सबको महाप्रभु से भेंट का विवरण दिया। पुत्र की याद में बिलखती माँ के हृदय

को सांत्वना मिली। रथयात्रा के समाचार ने बंगाल के भक्तों में असीम चेतना का संचार किया।

वे लोग पूरी तैयारी के साथ करताल, मृदंग, खोल आदि लेकर चल दिए। राह में कीर्तनमंडली में और भी लोग आ जुटते। इस प्रकार देखते-ही-देखते एक विशाल जनसमूह पुरी के लिए रवाना हो गया। पुरी में चैतन्यदेव की भेंट दामोदर स्वरूप से हुई। वे उच्चकोटि के कीर्तनकार थे। उनसे मिलकर चैतन्य महाप्रभु के हर्ष की सीमा न रही।

राय, दामोदर व परमानंदजी के नित्य संग से महाप्रभु की मंडली में चार चाँद लग गए। उधर सार्वभौम ने महाराज को भी महाप्रभु के लौटने का संदेश भिजवा दिया। महाराज स्वयं पुरी आनेवाले थे।

सार्वभौम ने महाप्रभु से कहा, ''प्रभु! महाराज आपसे मिलना चाहते हैं।''

''नारायण-नारायण! संन्यासी किसी राजा से मिलने क्योंकर जाएगा। दोबारा यह बात न करना।'' महाप्रभु बोले।

सार्वभौम ने महाराज को यह समाचार दिया तो उनका मन उदास हो गया, पर उन्होंने उम्मीद नहीं छोड़ी। सार्वभौम से कहा गया कि वे पुनः प्रयत्न करें।

उन्होंने एक दिन सुअवसर पाते ही यह प्रसंग फिर से छेड़ा। भक्तों ने भी महाराज की दान-पुण्यशीलता, भक्ति में रुचि आदि का वर्णन किया। महाप्रभु बोले, ''मैं तुम्हारे साथ कटक जाकर महाराज से भेंट करूँ? क्या यह उचित होगा? तुम सब मेरा इहलोक व परलोक दोनों ही बिगाड़ने पर क्यों तुले हो?''

महाराज की ओर से बार-बार दबाव पड़ता जाता था। महाप्रभु ने भक्तों से कहा, ''संन्यासी के लिए आवश्यक है कि वह अपने आचार-विचार तथा वाणी में संयमित व निर्मल रहे। हो सकता है कि महाराज से भेंट होने पर धीरे-धीरे मेरे संस्कार भी प्रभावित होने लगें। अतः मैं यह

सिलसिला नहीं छेड़ना चाहता।''

महाप्रभु से महाराज का स्नेह भी छिपा न था। उन्होंने अपना उत्तरीय उतारकर राय को दे दिया, ''यह महाराज के पास ले जाओ और मेरे आशीर्वचनों सहित दे देना। यह उनके लिए स्नेहोपहार है।''

महाराज तो वह प्रसादी पाकर गद्गद हो उठे, ''हे प्रभु! आज यह वैभव ही मेरी राह का कंटक हो गया।''

राय भी चाहते थे कि महाराज की भेंट महाप्रभु से हो किंतु वे मानते ही नहीं थे। एक दिन चर्चा के दौरान महाप्रभु बोले, ''अच्छा कहते हैं कि मनुष्य की आत्मा से ही उसके पुत्र का जन्म होता है। मैं महाराज के आग्रह का मान रखता हूँ। तुम उनके पुत्र को लाकर मुझसे मिला दो।''

महाराज ने युवराज को भेंट के लिए भेज दिया। पुत्र ने नवीन संन्यासी की जो दिव्य आभा व रूप बखाना, उससे तो राजा का मन और भी मचल उठा। वे सार्वभौम से बोले, ''यदि महाप्रभु को मेरे राजपाट से आपत्ति है तो मैं इसे त्यागने को तैयार हूँ।''

प्रतापरुद्र के मुख से यह बात सुनकर सभी घबरा गए। संकट की घड़ियों में यदि राजा राजधानी को त्याग दें तो उसका कोई सहारा नहीं बचता।

रामानंद ने महाराज को समझाया-बुझाया और आश्वस्त किया कि वे कोई-न-कोई राह अवश्य निकालेंगे। काशी मिश्र के यहाँ प्रतिदिन महाप्रभु का कीर्तन कार्यक्रम चलता था। सार्वभौम ने महाराज को छद्म वेष में वहीं छिपा दिया।

कीर्तन आरंभ हुआ व महाप्रभु भाव-विभोर हो कर हरि धुन गाते-गाते निताई की गोद में बेसुध हो गए। महाराज ने इतना अलौकिक संगीत-कीर्तन कभी नहीं सुना था। दूर से ही महाप्रभु के दर्शन कर उनसे मिलने की इच्छा और भी तीव्र हो उठी।

□

श्रीजगन्नाथ रथयात्रा महापर्व

रथयात्रा समीप थी। गौड़देश से चैतन्य महाप्रभु के भक्तों की टोली पुरी आ पहुँची। महाराज ने स्वयं आगे आकर सबके रहने-खाने की व्यवस्था कराई।

एकत्र जनसमुदाय ने कीर्तन की सुमधुर धुन पर नृत्यरत भक्तों को देखा। सभी के मुख पर बस एक ही बात थी, ''ऐसा प्रेम, ऐसा मनोहारी नृत्य, प्रभु भक्ति प्रकट करने की अपूर्व रीति, ऐसी हरिधुन, वास्तव में यह तो कोई चमत्कार है।''

महाप्रभु ने सब भक्तों के लिए प्रसाद व मालाचंदन का प्रबंध कर रखा था। भक्तों ने विश्राम के बाद मंदिर शिखर के चक्र-दर्शन की इच्छा व्यक्त की। जिन दिनों मंदिर के पट बंद होते हैं, तब विग्रह के स्थान पर चक्र-दर्शन की ही परिपाटी चली आई है।

महाप्रभु ने सूक्ष्मता से सभी भक्तों को निहारा और पूछा, ''हरिदास कहाँ है? वह क्यों नहीं आया?''

हरिदास मोची जाति का था। वह स्वयं को क्षुद्र मानकर आना नहीं चाहता था। महाप्रभु स्वयं उसे लिवाने नगर-द्वार तक गए और अंक से लगाकर बोले, ''तुम पामर नहीं हो। तुम तो महापवित्र हो। स्नान-ध्यान, पूजा, पाठ, हवन व वेदाध्ययन करनेवाला क्षुद्र कैसे हो सकता है?''

हरिदास किसी भी कीमत पर सबके बीच रहने को नहीं माना तो

महाप्रभु ने उसके रहने की अलग से व्यवस्था करवा दी। हरिदास के लिए वहीं प्रसादी भिजवा दी जाती। भक्तों ने महाप्रभु व राजा द्वारा तैयार की गई रसोई से प्रसाद पाया, किंतु वे स्वयं संन्यासी होने के कारण भिक्षा का अन्न ही ग्रहण करते थे।

भक्तों ने पुरी में खूब उत्साह से प्रत्येक गतिविधि में भाग लिया। सबने मिलकर गुंडिचा भवन को जल से धोया और कपड़े से रगड़-रगड़कर साफ किया। नदी से जल भरकर लाने पर खूब कौतुक हुआ। इसी रेलमपेल में बहुत से मटके फूटे। कितने ही लोग जल पर फिसले, किंतु इस देवालय शुद्धि की लीला में अपार आनंद आया।

रथयात्रा का दिन भी आ पहुँचा। भक्तमंडली विशेष रूप से उत्साहित थी। सभी सुबह-सुबह सारे काम निबटाकर मंदिर आ पहुँचे।

राजपथ पर तीन विशालकाय रथ खड़े थे, उनकी अपूर्व साज-सज्जा देखते ही बन रही थी। राजा ने परंपरा के अनुसार स्वयं सोने के झाड़ू से राह बुहारी और चंदन के जल का छिड़काव किया। भगवाई जगन्नाथजी रथ पर विराजे तथा तुमुल हर्षध्वनि व नाद के बीच रथयात्रा आरंभ हुई।

चैतन्यदेव की टोली भी कीर्तन करती साथ चली। कुछ दूरी पर जाकर रथ ठहरा तो चैतन्य प्रभु ने सभी टोलियों को एक किया और स्वयं महासंकीर्तन करने लगे। जब शेष भक्तगण उनके पीछे वही बोल दोहराते तो ऐसा लगता मानो कीर्तन की धुन से दिग्-दिगंत गूँज उठे हों। भक्तजन मंडलाकार खड़े थे, ताकि जनसाधारण भीतर न आने पाए।

निमाई बेसुध होकर नाच रहे थे। अन्य भक्तों का नर्तन भी विशेष रूप से दर्शनीय था। राजा भी अपने सैनिकों सहित घेरा बनाकर खड़े हो गए। इतनी लंबी प्रतीक्षा के बाद चैतन्य महाप्रभु को थोड़ा समीप से देखने का अवसर मिला था। निताई बाँहें फैलाए प्रभु के पीछे थे, किंतु लाख सँभालने पर भी निमाई बारंबार गिर जाते।

उनके निरंतर परिवर्तनशील भाव देख सभी विस्मित हो उठे। कभी निमाई रथ की ओर श्लोकों का पारायण करते, कभी रथ को खींचते, कभी उसके पहियों को मस्तक से ढकेलते तो कभी संज्ञाशून्य हो जाते।

यों ही नृत्य करते-करते वे अचानक गिरने को हुए तो समीप खड़े महाराज ने उन्हें सँभाल लिया। महाप्रभु की चेतना लौटी, "छिह-छिह! हे प्रभु, मुझे इस वैभव व ऐश्वर्य के प्रतीक ने क्यों स्पर्श किया?"

महाराज तो वहीं जड़ हो गए। सार्वभौम ने उन्हें समझाया कि महाप्रभु उनसे नाराज नहीं हैं। वे तो उनके माध्यम से दूसरे भक्तों को शिक्षा दे रहे हैं।

रथ बलगंडी पहुँचा, जहाँ जगन्नाथ को भोग चढ़ाया जाता है। चैतन्यप्रभु एक उद्यान में लेट गए, फिर उन्हें तंद्रा सी आ गई। इतने में सार्वभौम ने महाराज को वहाँ छद्म वेश में प्रस्तुत कर दिया। महाराज महाप्रभु की चरणसेवा करते-करते रासलीला के श्लोकों का उच्चारण करने लगे।

महाप्रभु तो अपनी ही आनंदलीला में मग्न थे। श्लोक सुनकर तो और भी आनंदित हुए। उन्होंने उठते ही श्लोक पढ़नेवाले को बाहुपाश में बाँध लिया।

"वाह! तुमने तो बहुत अच्छा कृष्णामृतलीला का स्वाद चखाया।"

महाराज बार-बार चरणों में लोटते रहे। उस दिन महाराज प्रतापरुद्र महाप्रभु के विशिष्ट भक्तों में शामिल हो गए। उन्होंने उद्यान में ही सभी भक्तों की प्रसादी का प्रबंध करवा दिया। महाप्रभु ने उद्यान के बाहर बैठे निर्धनों को भी पंक्तियों में बिठा दिया, उन्हें भरपेट भोजन कराया। जब वे भोजन कर हरिबोल कहते जाने लगे तो महाप्रभु हँस दिए, "आह! कितना संतोष हो रहा है।"

इसी प्रकार रथयात्रा बड़े आनंद से समाप्त हुई। चैतन्यदेव अपने संगी-साथियों सहित मंदिर के समीप ही रुके। इसके बाद लक्ष्मी देवी

का विजयोत्सव मनाया जाता है। महाराज भी बहुत उल्लसित थे।

"मेरे भंडार में से उत्सव की सारी आवश्यक सामग्री ले लो। महाप्रभु के लिए अति उत्तम उत्सव आयोजित करो।"

चैतन्यदेव ने लक्ष्मी उत्सव को बड़े ही उत्साह से देखा। पूरी रथयात्रा के दौरान वे एक प्रकार के भाव में आविष्ट रहे। कभी पागलों की तरह रोने व नाचने लगते तो कभी उत्तरदायी गुरु की भाँति शिष्यों के भोजन व रहने संबंधी व्यवस्थाओं का निरीक्षण करते।

कहना न होगा कि नदियावासी भक्तों के लिए यह उत्सव प्रभु की निकटता पाने के सुनहरे अवसर से कम नहीं था। यह तय पाया गया कि वे वर्षा के चार माह पुरी में ही बिताएँ। उस दौरान पुरी में होनेवाले सभी उत्सवों की खूब धूम मची।

झूलोत्सव, जन्माष्टमी के बाद नंदोत्सव आया तो महाराज व मंदिर के पुजारी भी नृत्य-गायन में शामिल हो गए। जब चैतन्यदेव व नित्यानंद ने लाठी का खेल खेला तो सब भक्त आश्चर्यचकित रह गए। बहुत ही आनंद हुआ।

सबका यही मन चाहता था कि ये आनंदोत्सव कभी समाप्त ही न हों, किंतु क्या ऐसा संभव है। यदि इस धरती पर जन्म लिया है तो मनुष्य के लिए आवश्यक कर्तव्य भी निभाने ही पड़ते हैं।

गुरुपूर्णिमा के दिन चातुर्मास पूरा हुआ और चैतन्य महाप्रभु ने भक्तों को प्रतिवर्ष रथयात्रा में आने का निमंत्रण देते हुए अपने-अपने स्थानों पर लौट जाने का आग्रह किया।

महाप्रभु से विरह की बात सुनते ही भक्तों के प्राण कंठागत हो गए। यह तो सभी जानते थे कि एक-न-एक दिन उन्हें अपने घरों को लौटना है, किंतु इस विरह से इतनी पीड़ा होगी, इसका अनुमान न था।

□

संन्यासी के रूप में पत्नी से भेंट

महाप्रभु ने अपने अंतरंग भक्तों को उनकी सामर्थ्य के अनुसार कार्य बाँट दिए। निताई को आदेश मिला कि वे गौड़ देश में रहकर ही प्रभु के नाम का प्रचार करें। किसी भी जातिभेद को न मानते हुए सभी को प्रभु का नाम लेने का अधिकारी बनाएँ।

निताई के लौटने से नवद्वीप में फिर से प्रेरणा एवं उत्साह जाग्रत् हुआ। स्थान-स्थान पर भजन-कीर्तन होने लगे। कुछ दिन बाद एक अनूठा संदेश आया। महाप्रभु ने पुरी से निताई के लिए संदेश भेजा था कि वे विवाह कर लें तथा संसार में रहकर ही भजन-कीर्तन तथा प्रभु नाम का आदर्श उपस्थित करें।

शची माँ ने सुना तो वे भी आश्चर्य में पड़ गईं, किंतु विष्णुप्रिया ने बड़े ही गर्व से कहा, ''माँ! प्रभु का कोई भी आदेश अकारण नहीं होता। यह आज्ञा देकर वे संसार को शिक्षा देना चाहते हैं कि गृहस्थाश्रम में ही निष्काम भक्ति का अधिक महत्त्व होता है।''

प्रतिवर्ष नवद्वीप से भक्तों का दल प्रभु से भेंट करने और रथयात्रा में शामिल होने के लिए जाता। कांचना स्वयं जाकर रथयात्रा का सारा विवरण विष्णुप्रिया के लिए लाती। प्रभु माँ के नाम प्रसादी भेजना भी न भूलते, किंतु पति के दर्शनों की प्यास नहीं बुझती थी।

कांचना अपनी सखी के मन की व्यथा जानती थी, किंतु निरुपाय

थी। एक दिन नदिया में समाचार आया कि चैतन्य महाप्रभु वृंदावन की यात्रा पर निकले हैं तथा जाते समय गौड़ देश आएँगे।

निमाई के शांतिपुर आने की बात सुनकर शची माँ के सुख का पारावार न रहा। नियत दिन पर उनके जाने के लिए पालकी तैयार थी। बहू ने हठ कर कांचना को भी साथ भेज दिया। सात वर्ष बाद माँ-पुत्र की भेंट हुई। शेष भक्त तो लौट आए, किंतु कुछ निकटतम भक्त व शची माँ वहीं रुक गए। माँ पुत्र को नाना व्यंजन पकाकर खिलाना चाहती थी। बरसों से पुत्र को उसका मनपसंद भोजन नहीं कराया था। महाप्रभु ने उन्हें अनुमति दे दी।

उधर घर में बैठी विष्णुप्रिया गृहस्थी के सारे काम-काज के बीच भी इस कठोर सत्य को भुला नहीं पा रही थीं कि प्रभु इतने निकट हैं और वे उनके दर्शनों से वंचित हैं। एकांत में बैठीं तो आँखों से बहती गंगा-जमुना ने पल्लू ही भिगो दिया।

कांचना लौटी तो शुभ समाचार लाई। महाप्रभु उनके नगर में पधार रहे हैं। घाट पर लोगों की भीड़ जुटी है। सभी महाप्रभु के दर्शनों के लिए व्याकुल हैं। पल भर को विष्णुप्रिया के मन में आया कि जाकर दूर से पति को देख लें, किंतु फिर मन ने समझाया, ''पगली! जो निश-दिन तेरे मन में बसता है, उसके भौतिक दर्शन की अभिलाषा क्यों?''

फिर उन्होंने सोचा कि वह इस घर से भिक्षा अवश्य भेजेगी। कांचना जाकर दे आएगी। वे केले के पत्ते पर सामग्री निकालकर बाहर आई ही थीं कि कोलाहल सा सुनाई पड़ा।

पता चला कि प्रभु स्वयं उसी ओर आ रहे हैं। वे कांचना से बोलीं, ''दीदी! मेरा परम सौभाग्य कि पति पधारे। तू इस घर के नाम से यह भिक्षा उनकी झोली में डाल देना।''

महाप्रभु द्वार पर आ खड़े हुए तो कांचना ने झोली में भिक्षा डाल दी, किंतु वे फिर भी खड़े रहे तो कांचना ने उनका तात्पर्य जाना। वे झट

से हरिप्रिया को बुलाने दौड़ीं।

महाप्रभु की पत्नी सिर पर लंबा घूँघट काढ़े, दरवाजे पर पहुँचीं और प्रणाम किया। प्रभु ने पूछा, "कहो क्या इच्छा है?"

"बस, इस गृहस्थ की भिक्षा स्वीकारें और आशीर्वाद दें कि प्रभुचरणों में मेरी प्रीति बनी रहे।"

महाप्रभु ने उन्हें आशीर्वाद दिया। अपनी खड़ाऊँ देकर बोले, "देवी! संन्यासी की भेंट स्वीकारें।"

विष्णुप्रिया ने उनके उपहार को मस्तक से लगा लिया और महाप्रभु भक्तों सहित लंबे-लंबे डग भरते ओझल हो गए। केवल प्रभु की जय-जयकार के स्वर ही शेष रह गए।

बरसों बाद पति-पत्नी की यह भेंट बड़ी ही अनूठी थी। विष्णुप्रिया की सुध लौटी तो बड़े ही संतोष से प्रभु की पादुकाएँ कमरे में स्थापित कीं। उन पर फूल-मालाएँ चढ़ा दीं।

अब मन में कोई दुख या क्लेश नहीं रह गया था। वे शेष जीवन प्रभु की चरण-सेवा एवं ध्यान में ही बिता सकती हैं।

लोग दर्शनों के लिए आने लगे। शची माँ का आँगन मंदिर समान हो गया। पादुका-दर्शन के लिए भक्तों की भीड़ बढ़ने लगी।

विष्णुप्रिया यथायोग्य आदर-भाव करतीं, किंतु वे पहले से बहुत ही शांत व एकांतप्रिय होती जा रही थीं। शची माँ की सेवा के बाद सारा समय प्रभु-ध्यान और ग्रंथों के पठन-पाठन में बीत जाता।

□

चैतन्य की वृंदावन-यात्रा

वृंदावन की यात्रा का नाम आते ही महाराज व्याकुल हो गए। वे नहीं चाहते थे कि प्रभु अकेले जाएँ, किंतु महाप्रभु को निश्चय से डिगाना भी तो आसान नहीं था।

वे बड़ी मुश्किल से एक भक्त को साथ ले जाने के लिए माने। काशी पहुँचे तो पंडितों ने डींगें हाँकी और महाप्रभु की उपेक्षा की, किंतु सूर्य के प्रकाश को अधिक समय तक छिपाया नहीं जा सकता। शीघ्र ही काशीवासी भी उस विलक्षण संन्यासी के दीवाने हो गए।

इस प्रकार प्रभु वृंदावन पहुँचे। ब्रज की धूलि को मस्तक टेककर प्रभु निहाल हो गए। श्री चैतन्य प्रभु के समय ब्रजभूमि में खँडहर ही शेष थे। वे भावावेश में आकर जिस-जिस स्थान को जो भी नाम देते रहे, उसे ही ब्रजवासियों ने स्वीकार लिया। आज भी प्रभु की लीलास्थलियाँ उसी नाम से जानी जाती हैं।

वृंदावन में गोपालकृष्ण की मूर्तियों को आततायी शासकों से बचाना बड़ा कठिन था। अन्नकूट ग्राम के वासी अपने गोपाल के विग्रह के साथ दूसरे स्थान पर गए हुए थे। महाप्रभु पता लगाते-लगाते वहीं पहुँचे और गोपाल के दर्शन कर कृतार्थ हुए।

चैतन्य मथुरा-वृंदावन के समीप ही अक्रूर घाट पर रह रहे थे। यमुना का स्नान, लीलास्थलों का दर्शन व भजन-कीर्तन कर महाप्रभु

अतीव आनंदित हुए। वहीं उन्हें परमभक्त रूप, भूगर्भ व सनातन आदि भी मिल गए।

ब्रजवासी तो चैतन्य के लिए हरि के ही स्वरूप थे। वे उन्हें देखते ही गले से लगा लेते। जो व्यक्ति नीची जाति का होने के कारण सकुचाता, उससे महाप्रभु और भी उत्साह से मिलते। इस प्रकार वहाँ कुछ समय बिताकर महाप्रभु ने लौटने का मन बनाया। उनके जाने-अनजाने पूरी मंडली पीछे चल पड़ी। एक स्थान पर वे भावावेश में गिर पड़े।

मंडली ने अचेत महाप्रभु की देखभाल की, किंतु इतने में कुछ घुड़सवार आए। उन्हें लगा कि मंडली के व्यक्ति कोई डाकू हैं। उन्होंने एक राहगीर को कुछ खिलाकर बेसुध कर दिया है और अब उसका सारा माल लूट लेना चाहते हैं।

उन पाँचों को रस्सी से बाँध दिया गया। तभी चैतन्य की सुध लौटी। उन्होंने स्पष्ट किया कि वे लोग लुटेरे नहीं बल्कि उनके ही भक्त हैं।

तुर्क पठानों ने महाप्रभु से धर्म-संबंधी चर्चा आरंभ कर दी। जिज्ञासा और शंका के बाद प्रेम व आस्था ने जन्म लिया। कुछ ही देर में वे प्रभु के चरणों में गिर पड़े। कहते हैं कि उन्होंने उसी समय अपना धर्म त्यागकर वैष्णव धर्म अपना लिया।

चैतन्य महाप्रभु किसी भी धर्म की निंदा नहीं करते थे। उनका कहना था कि वैष्णव इस धरती के प्रत्येक जीव को आदर-मान देता है।

□

चैतन्य महाप्रभु प्रयाग पहुँचे तो उनकी भेंट गौड़ के भूतपूर्व राजा सुबुद्धि राय से हुई। सुबुद्धि राय को उनकी गद्दी से उतरवा दिया गया। फिर उनके नौकर हुसैनशाह ने गद्दी पर कब्जा कर लिया। राजा का धर्मभ्रष्ट करने के उद्देश्य से उनके मुख में मुसलमान का जूठा पानी जबरन डलवा दिया गया।

राजा को सार्वजनिक रूप से धर्मभ्रष्ट मान लिया गया। सुब्रुद्धि राय प्रत्येक धर्माचारी से प्रायश्चित्त का विधान पूछते। वे एक ऐसी भूल का दंड पा रहे थे, जो उन्होंने की ही नहीं थी। जिससे भी उपाय पूछते, प्रत्युत्तर मिलता कि समाज में प्रतिष्ठा नहीं मिलेगी, विधर्मी का जूठा पानी पीया है, तुम समाज में अपवित्र ही माने जाओगे, इस पापी शरीर को नष्ट कर दो, यही विधान है।

श्री चैतन्य महाप्रभु से भी सुबुद्धि ने उपाय पूछा तो वे बोले, ''कृष्ण का नाम जपो। उसी से सारे पापों का प्रायश्चित्त हो जाता है।''

''क्या? केवल प्रभु का नाम जपने से मैं शुद्ध हो जाऊँगा?''

''हाँ, तुमने किया ही क्या है कि तुम अपवित्र माने जाते हो। व्यक्ति अपने स्वभाव, आचरण व संस्कारों में दोष होने से अपवित्र होता है। केवल विधर्मी का जूठा जल पीने मात्र से तुम अशुद्ध नहीं हो गए।''

सुबुद्धि राय ने महाप्रभु को साष्टांग प्रणाम किया और कृष्ण का नाम जप करते-करते वृंदावन चले गए।

काशी में अति सम्माननीय संन्यासियों के संप्रदाय होते थे। अपने-अपने अहंकार में लीन ब्राह्मण व संन्यासी किसी दूसरे धर्म व संप्रदाय को हीन दृष्टि से देखते थे। उनकी नजरों में महाप्रभु का भावावेश में आकर नाचना-गाना, वेदांत के प्रति आस्था न रखना, वेद-पाठ न करना आदि धर्मविरुद्ध आचरण थे।

महाप्रभु ने उन्हें समझाया, ''कलियुग में केवल ज्ञान ही पर्याप्त नहीं। नामजप से शक्ति मिलती है। वेदांत से मुझे कोई आपत्ति नहीं। उसके सूत्रों के अर्थ भी मुझे मान्य हैं किंतु शंकराचार्यजी के अर्थ कल्पित हैं। वेदांत के अर्थ सहज व सरल हैं, उन्हें किसी प्रकार के नए अर्थ की क्या आवश्यकता।''

यह सुनते ही सभी उपस्थित जन हतप्रभ हो उठे। चैतन्य महाप्रभु ने सबके बीच शंकराचार्यजी के भाष्यों का खंडन किया था। संन्यासियों

के लिए तो शंकराचार्यजी के शब्द ब्रह्मवाक्य के समान थे।

महाप्रभु ने उनकी शंका के समाधान में कहा कि वे शंकराचार्यजी को छोटा नहीं मानते, किंतु ईश्वर तो उनसे भी बड़ा है। फिर उन्होंने शंकराचार्यजी के अद्वैत मत का खंडन प्रारंभ किया।

लोगों ने उस दिन चैतन्य-वाणी का अमृत जी भरकर पिया। देखते-ही-देखते सभा में उपस्थित गण्यमान्य जन चैतन्य महाप्रभु के वचनों के कायल हो गए। वे भी मान गए थे कि भक्ति, आस्था, श्रद्धा व प्रेम के बल पर कलिकाल में प्रभु को पाया जा सकता है।

□

महाप्रभु अपनी तीर्थयात्रा समाप्त कर पुरी पहुँचे तथा अपने पूर्व परिचित मित्र व आत्मीय जनों से भेंट कर बहुत प्रसन्न हुए। सबने उनकी तीर्थयात्राओं के प्रसंग सुने और पुण्यलाभ पाया।

संन्यासी बाना धारण करने के बाद भी महाप्रभु ने कभी भी माँ तथा पत्नी की उपेक्षा नहीं की। पुरी में उनके एक अंतरंग भक्त थे दामोदर। वे सबकुछ छोड़कर उन्हीं के साथ रहते थे।

महाप्रभु ने दामोदर को शची देवी तथा विष्णुप्रिया के पास भेज दिया, ताकि दामोदर उन दोनों का ध्यान रख सकें।

पुरी में गण्यमान्य लोगों और महाराज का आश्रय पाने पर भी चैतन्य महाप्रभु संन्यास के कठोर नियमों का पालन करते थे। वे बहुत ही स्वल्प मात्रा में भोजन करते और एक ही घर से निरंतर भिक्षा ग्रहण नहीं करते थे।

इसी तरह स्त्रियों के संबंध में भी उनके नियम कड़े व अनुशासन कठोर था। चाहे कोई स्त्री उनकी माता के समान ही क्यों न हो, उसे भी उनके दर्शन की आज्ञा नहीं थी। महाराज से मिले प्रसादी वस्त्र को माँ शची के पास भिजवा दिया जाता था।

भक्तों की ओर से बहुत प्रयत्न किया जाता कि महाप्रभु किसी

प्रकार की सेवा ग्रहण करें। एक भक्त ने सुगंधित तेल लाकर दिया। उसे लगाने से मस्तक शांत रहता था। महाप्रभु ने उसे मंदिर में भिजवा दिया। फिर उसने उनके शयन के लिए बिस्तर की व्यवस्था की, किंतु उसके लाख हठ करने पर भी महाप्रभु ने केले के पत्ते बिछाकर फर्श पर सोना नहीं छोड़ा। वे न तो किसी को अपने चरणोदक का पान करने देते थे और न ही अपने नाम की जयध्वनि सुनना पसंद करते थे।

□

नवद्वीप में दिन, महीने और वर्ष-पर-वर्ष बीतते चले गए। शची माँ और विष्णुप्रिया महाप्रभु के समाचार सुन-सुनकर ही जीवन बिताती रहीं। विष्णुप्रिया के व्रत-उपवास कठोर होते गए। जिस तरह प्रभु संन्यास लेकर कठोर नियम साधते, उनकी अर्धांगिनी घर में उन्हीं नियमों का पालन करतीं।

प्रतिवर्ष रथयात्रा पर जानेवाले भक्तजन प्रभु का समाचार लाते। कभी कोई भक्त उनके लिए भेजा गया प्रसाद भी ले आता। नवद्वीप में निताई ने हरि-संकीर्तन का मेला लगा रखा था।

एक बार एक भक्त ने शची माँ को समाचार दिया कि महाप्रभु एकांत में रहने लगे हैं। उन्होंने भक्तों को प्रतिवर्ष पुरी आने से मना किया है और कहा है कि बंगाल में ही रथयात्रा का उत्सव हो।

तब से शची माँ का घर ही दूसरी पुरी बन गया। नवद्वीप में धूमधाम से रथयात्रा होने लगी। शची माँ बीमार रहने लगी थीं। वृद्ध शरीर और ऊपर से मन की व्याकुलता। उन्होंने विष्णुप्रिया के भाई श्याम के परिवार को अपने यहाँ रहने के लिए बुला लिया, ताकि उनके जाने के बाद बहू अकेली न पड़ जाए।

उस वर्ष भी शची माँ के प्रांगण में महाप्रभु का जन्मोत्सव मनाया गया। श्याम ने वही वेश बनाया तो ऐसा लगा, मानो गौहरि ही सबके बीच खड़े नृत्य कर रहे हों।

अद्वैताचार्यजी भी आए। उन्होंने शची माँ को समझाया कि वे प्रभु के दिव्योन्माद को अन्यथा न लें और न ही चिंता करें। उन्हें हमेशा स्मरण रखना चाहिए कि वे प्रभु की माँ हैं। महाप्रभु कोई साधारण लौकिक जीव नहीं हैं। वे असाधारण हैं तो उनकी जीवनचर्या भी तो वैसी ही होगी।

शची माँ के मन को थोड़ी सांत्वना मिली। जाने से पूर्व अद्वैताचार्यजी ने श्याम के हाथों महाप्रभु के लिए पत्र लिखवाया—

बाऊलके कहिह, लोक हइल बाऊल
बाऊलके कहिह, हाटे न बिकाय चाऊल
बाऊलके कहिह, कजि नाहिक आऊल
बाऊलके कहिह, इहा कहिया छे बाऊल

श्याम व शची माँ उस पहेली का अर्थ नहीं जान सके। आचार्य के जाने के बाद श्याम ने श्रीवासजी से आग्रह किया कि वे उन्हें उस पहेली का अर्थ बताएँ।

श्रीवासाचार्य बोले, "महाप्रभु को बाऊल के नाम से संदेश भेजा गया है कि महाप्रभु जिस हरिनाम का व्यापार करते हैं, आचार्य भी उसी व्यापार के दलाल हैं। दलाल ने संदेश दिया है कि अब बाजार में हरिनामरूपी चावल बिकने की गुंजाइश नहीं है, हरिनामरूपी चावल से कोठियाँ भर गई हैं, इसलिए उन्हें अपना व्यापार समेट लेना चाहिए।

पहेली हल होते ही श्याम का चेहरा उतर गया। आचार्य ने महाप्रभु को कैसा संदेश दिया था।

यद्यपि पहेलीवाली बात श्याम ने शची माँ को नहीं बताई किंतु जाने कैसे उनका चित्त म्लान रहने लगा। उन्हें लगने लगा कि पार्थिव शरीर को त्यागने का समय हो चला है।

शची माँ ने एकादशी के दिन गृह-त्याग का निर्णय सुना दिया। विष्णुप्रिया ने एकांत में रोकर मन का भार हल्का कर लिया। पति ही तो

सारे कर्तव्य सौंप गए थे। अब उन्हें जी कड़ा कर यह कार्य भी करना था।

नियत समय पर पालकी आई। पीछे-पीछे हरिनाम का जप करते नदियावासी। शची माँ ने पुत्रवधू को गले से लगाकर अनेक आशीष दिए और अपनी अंतिम महाप्रयाण यानी पर निकल पड़ीं।

श्याम ने ही उनके मुख में गंगाजल व तुलसी-पत्र डाला। हरिनाम संकीर्तन के बीच ही शची माँ ने प्राण त्याग दिए।

□

चैतन्य का गोलोक गमन

उधर पुरी में महाप्रभु चैतन्य को रहते-रहते अनेक वर्ष हो गए थे। पुरी में आचार्य का पहेलीवाला संदेश पहुँचा तो महाप्रभु पढ़कर हँस दिए।

''तो मेरे लिए यह आज्ञा है।''

उस दिन से महाप्रभु चैतन्य के दिव्योन्माद में और भी वृद्धि हो गई। चैतन्य प्रभु ने अपनी ओर से आहार, विश्राम, निद्रा-धारण आदि सभी क्रियाएँ त्याग दीं। भक्तगण हरि-शपथ दे-दे कर भोजन कराते। वे प्रिय प्रभुपाद को खोना नहीं चाहते थे।

एक रात भक्त स्वरूप व गोविंद ने महाप्रभु की कुटिया से कोई स्वर आता सुना। देखा तो उनके मुख से रक्त बह रहा था, पूछने पर प्रभु बोले, ''उद्वेग के कारण भीतर नहीं रह पा रहा था। बाहर जाने लगा तो द्वार नहीं मिला, दीवार से टकरा-टकराकर ही रक्त निकल आया होगा।''

तब से भक्त उनकी देहरक्षा के लिए और भी तत्पर हुए, किंतु जिसने अपना मन, देह व प्राण प्रभु को सौंप दिया, उसके लिए इस देह से कोई लगाव ही नहीं होता।

दामोदर पंडित ने शची माँ के देहावसान का समाचार दिया तो महाप्रभु का मन और भी विरक्त हो गया।

अड़तालीस वर्ष की आयु में उन्होंने इहलीला सँवरण की।

कहते हैं कि रथयात्रा में भावावेश के समय चोट लगने के कारण उन्होंने देहत्याग किया और कुछ भक्तगणों का मत है कि जगन्नाथ के विग्रह में ही विलीन हो गए।

इस शरीर के त्याग का कारण चाहे जो भी रहा हो, श्री चैतन्य महाप्रभु नर काया को त्यागकर अपने कृष्ण से सदा के लिए एक हो गए।

उधर नवद्वीप में प्रभु-पादुकाओं के समीप अपना अधिकांश समय व्यतीत करने वाली विष्णुप्रिया ने भी मन-ही-मन जान लिया कि पति उस देह को त्याग रहे हैं। वे आर्त स्वर में पुकार उठीं, ''नहीं प्रभु! मुझे यों अकेला न छोड़ें।''

कांचना तो छाया की तरह उनके साथ रहती थीं। वे उठ बैठीं और बेसुध विष्णुप्रिया को जल छिड़ककर होश में लाईं। विष्णुप्रिया चेत आते ही विलाप कर उठीं, ''दीदी! प्रभु स्वधाम सिधार गए।''

केवल उन्हें ही नहीं, श्याम व श्रीवासाचार्यजी को भी यही पूर्वाभास हुआ। महाप्रभु चैतन्य ने जाने से पूर्व अनेक अंतरंगों को भी दर्शन दिए।

सुबह होते-न-होते पुरी से समाचार आ गया कि प्रभु ने निजधाम की राह ली। ऐसा लगा मानो सूर्य की तीव्र प्रखर किरणों पर काले बादलों का साया पड़ने से घोर अंधकार छा गया हो।

□

परिशिष्ट

विष्णुप्रिया का देहत्याग

विष्णुप्रिया ने अपने आपको पूरे संसार से अलग कर लिया। उन्होंने बड़ा ही कठोर व्रत लिया। अरुणोदय से पहले ही स्नान व तुलसी पूजन के पश्चात् थोड़े से चावल लेकर हरिनाम का जप करने बैठ जातीं। वे तीसरे पहर तक जप करतीं तथा हरि नाम के साथ चावल का दाना मिट्टी के पात्र में रखती जातीं। फिर उन चावलों को यत्नपूर्वक पकातीं। उन्हीं से महाप्रभु का भोग लगता। वे उसी में से एक मुट्ठी प्रसाद लेकर शेष को भक्तों के बीच वितरित करा देतीं।

महाप्रभु के लीला सँवरण के पश्चात् उनके अनेक प्रिय शिष्य भी संसार से विदा हुए, किंतु विष्णुप्रिया को अभी अनुमति नहीं मिली। उन्हें कुछ समय तक इसी देह में रहना था। उनके घर की ऊँची दीवारों के भीतर किसी का भी प्रवेश वर्जित था।

सेवक वंशीवदन और दामोदर पंडित के अतिरिक्त किसी भी पुरुष को वहाँ जाने की अनुमति नहीं थी। यद्यपि माँ के घर के समीप ही अनेक तपस्वी-साधुओं की कुटिया थीं। वे वहीं निवास करते तथा मातृदर्शन कर पुण्यभागी बनते।

विष्णुप्रिया आधी रात को उठकर ही पादुका मंदिर में ध्यानस्थ हो जातीं। कांचना दीदी सदैव उनके साथ रहतीं। एक दिन विष्णुप्रिया ने सचेत होकर कहा, ''कांचना दीदी! आज प्रभु ने मेरी सुन ली। उन्होंने

मुझे आज्ञा दे दी है कि जिस नीम वृक्ष के तले उन्होंने अनेक लीलाएँ कीं, उसकी लकड़ी से ही मूर्ति बनाई जाए।''

कांचना को भी यह सुनकर आनंद हुआ। अब चैतन्य प्रभु की पादुका से ही संतोष नहीं करना होगा। उनके दर्शन भी सुलभ हो जाएँगे।

कुशल कारीगरों ने विष्णुप्रिया की कल्पना को साकार रूप देना आरंभ किया। नवद्वीपवासी तो मूर्ति का दिव्य स्वरूप देख दंग रह गए। यह तो उनके वही चिर-परिचित गौरांग थे, कंधों पर लहराते काले केश, गले में उत्तरीय व पुष्पमाला, माथे पर चंदन का तिलक, कटि में पीतांबर तथा वही मंद स्मित हास्य।

विष्णुप्रिया ने मूर्ति को देखा तो लगा मानो प्रभु स्वयं लेने आ पहुँचे हों।

एक स्वर सा सुनाई दिया, ''नहीं, प्रिये! अभी नहीं। अभी उचित समय नहीं आया।''

वे चेतन अवस्था में आईं और सबसे बोलीं, ''प्रतिमा साक्षात् चैतन्य महाप्रभु का ही रूप है।''

प्राणप्रतिष्ठा के दिन पादुकाओं के समीप ही मूर्ति स्थापित की गई। दूर-दूर से साधुगण गौरांग प्रभु के दर्शन करने आए। घूँघट में छिपी कृशकाय गौरांग पत्नी के दर्शन कर वे सब कृत-कृत्य हुए।

रात्रि में मंदिर का प्रांगण गूँज उठा—

श्री कृष्ण गोविंद हरे मुरारी
हे नाथ नारायण वासुदेवा!

□

यदुनंदन ने ठाकुर माँ की आज्ञा से सबको कृष्णाष्टक सुनाए। श्याम व यदुनंदन ने मूर्ति की देखरेख व मंदिर का कार्यभार सँभाला।

कांचना ने हठ किया तो विष्णुप्रिया को उन्हें मंत्रदीक्षा देनी पड़ी। दिन-ब-दिन विष्णुप्रिया संसार से मोह के धागे तोड़ती जा रही थीं।

फाल्गुन पूर्णिमा को प्रभु का जन्मोत्सव आनेवाला था। उस दिन विष्णुप्रिया शीघ्र ही उठ गईं। स्नान-ध्यान व पूजन के बाद कांचना से बोलीं, "मुझे प्रभु के पास अकेला छोड़ दे।"

कांचना भयभीत हुई।

"नहीं, मैं तुम्हारे पास से नहीं जानेवाली।"

"देर न कर, प्रभु प्रतीक्षारत हैं।" हरिप्रिया ने डपटा।

□

यह व्यग्रता तो किसी ऐसी अभिसारिका की जान पड़ती थी, जो प्रिय से चिरप्रतीक्षित मिलन के लिए चल पड़ी हो।

कांचना ने एक भी शब्द कहे बिना बाहर की ओर कदम बढ़ाए और मंदिर का द्वार बंद कर दिया।

कांचना से तो विष्णुप्रिया के नेह का नाता बड़ा पुराना था। कांचना स्वयं पैदल चलकर पुरी से महाप्रभु का समाचार लाती थीं। हमेशा छायावत् विष्णुप्रिया के साथ रहतीं। वे सखी भी थीं और सेविका भी, आज जब उन्हें भी परे जाने का आदेश मिल गया तो एक अज्ञात आशंका से हृदय धड़क उठा।

जब बहुत समय बीत गया तो नाना आशंकाओं के बीच व्यग्र कांचना ने मंदिर के द्वार खुलवा दिए। उसकी आशंका गलत नहीं थी। विष्णुप्रिया समाधि मार्ग से अपने प्रिय गौरांग से जा मिली थीं। अब उस एक ही विग्रह में गौर-गौरप्रिया का आविर्भाव हो रहा था। चिरकाल से महाप्रभु के वियोग में संतप्त विष्णुप्रिया ने प्रभु की शरण में आश्रय पाया।

□

श्रीशिक्षाष्टक

महाप्रभु चैतन्य के श्रीमुख से—

सर्वश्रेष्ठ साधन क्या है?

नाम तत्त्व

चेतोदर्पणमार्जनं भवमहादावाग्निनिर्वापणम्,
श्रेय: कैरवचन्द्रिकावितरणं विद्यावधूजीवनम्।
आनन्दाम्बुधिवर्द्धनं प्रतिपदं पूर्णामृतास्वादनम्?
सर्वात्मस्नपनं परं विजयते श्रीकृष्णसंकीर्तनम्॥ 1॥

चित्तरूपी दर्पण को शोधित करनेवाले संसाररूप महादावानल को संपूर्ण रूप से बुझा देनेवाले, जीवों की कल्याणरूपिणी कुमुदिनी को विकसित करने के लिए भावरूपी चंद्रिका का वितरण करनेवाले, विद्यारूपी वधू के जीवनस्वरूप, आनंदरूपी समुद्र को निरंतर वर्द्धित करनेवाले, पग-पग पर पूर्ण अमृत का रसास्वादन करानेवाले, बाहर-भीतर से देह, धृति, आत्मा व स्वभाव सबको सर्वतोभावेन निर्मल व सुशोभित करनेवाले केवल श्रीकृष्ण-संकीर्तन ही विशेष रूप से सर्वोपरि जययुक्त हों।

नाम-साधन सुलभ क्यों है?

नाम्नामकारि बहुधा निजसर्वशक्ति—
स्तत्रार्पिता नियमित: स्मरणे न काल:।
एतादृशी तव कृपा भगवन्ममापि,
दुर्दैवभीदृशनिहाजनि नानुराग:॥ 2॥

हे भगवान्! आपके नाम ही जीवों के लिए सर्वमंगलप्रद हैं, अतः जीवों के कल्याण हेतु आप अपने राम, नारायण, कृष्ण, मुकुंद, माधव, गोविंद, दामोदर आदि अनेक नामों के रूप में नित्य प्रकाशित हैं। आपने उन नामों में उन-उन स्वरूपों की सर्वशक्तियों को स्थापित किया है। अहैतुकी कृपा हेतु आपने उन नामों के स्मरण में संध्यावंदना आदि की भाँति किसी निर्दिष्टकाल आदि का विचार भी नहीं रखा है। अर्थात् दिन-रात किसी भी समय भगवन्नाम का स्मरण-कीर्तन किया जा सकता है; ऐसा विधान भी बना दिया है। हे प्रभो! आपकी तो जीवों पर ऐसी अहैतुकी कृपा है, तथापि मेरा तो नामापराध रूप ऐसा दुर्दैव है कि आपके ऐसे सर्वफलप्रद सुलभ नाम में भी अनुराग उत्पन्न नहीं हुआ।

नाम-साधन की पद्धति क्या है?

तृणादपि सुनीचेन तरोरपि सहिष्णुना।
अमानिना मानदेन कीर्तनीयः सदा हरिः॥ 3॥

सर्वपद-दलित अत्यंत तुच्छ तृण से भी अपने को दीन-हीन-नीच समझकर, वृक्ष से भी अधिक सहनशील बनकर, स्वयं अमानी होकर, दूसरों को यथायोग्य मान देनेवाला बनकर सदा-सर्वदा निरंतर श्रीहरिसंकीर्तन करते रहें।

साधकों की अभिलाषा कैसी होती है?

न धनं न जनं न सुन्दरीं
कवितां वा जगदीश कामये।
मन जन्मति जन्मीश्वरे
भवताद्भक्तिरहैतुकी त्वचि॥ 4॥

हे जगदीश! न मैं धन चाहता हूँ, न मैं जन चाहता हूँ और न ही सुंदरी चाहता हूँ। चाहता हूँ केवल, हे प्राणेश्वर! आपके श्रीचरणकमलों में मेरी जन्म-जन्मांतर में अहैतुकी भक्ति हो।

साधकों का स्वरूप क्या है?

अभिनन्दतनुज किंकरं
पतितं मा विषमे भवाम्बुधाम्।
कृपया तब पादपंकज-
स्थितधूलिसदृशं विचिन्तय ॥ 5 ॥

हे नंदनंदन! अपने कर्मफल से भयंकर भवसागर में पड़े हुए अपने नित्यदास मुझे कृपा करके अपने श्रीचरण-कमलों में संलग्न रजःकण के समान सदा-सर्वदा अपने क्रीतदास के रूप में ग्रहण करें।

सिद्धि के बाहरी लक्षण क्या हैं?

नयनं गलदश्रुधारया
वदनं गद्ररुद्धया गिरा।
पुलकैर्निचिन्त वधुः कदा
तब नामग्रहणे भविष्यति ॥ 6 ॥

प्रभो! आपके नाम ग्रहण करते समय मेरे नयन अश्रुधारा से, मुख गद्गद वाणी से और शरीर पुलकावलियों से कब व्याप्त होगा?

सिद्धि का अंतर्लक्षण क्या है?

युगायितं निमेषेण चक्षुषा प्रावृषायिनम्।
शून्यायितं जगत् सर्वं गोविन्दविरहेण मे ॥ 7 ॥

हे सखी! गोविंद के विरह में मेरा निमिषमात्र भी युग के समान प्रतीत होता है, मेरी आँखों से बादलों की वर्षा की भाँति आँसुओं की वर्षा होने लगती है और यह सारा संसार मुझे शून्य सा प्रतीत होता है।

सिद्धि की निष्ठा क्या है?

आशिलष्य वा पादरतां पिनष्टु मा—
मदार्शनान्मर्महतां करोतु वा।
यथा तथा वा विदधातु लम्पटे।
मत्प्राणनाथस्तु स एव नापरः ॥ 8 ॥

वे कृष्ण की सेवा में अनुरक्त मुझ दासी को प्रगाढ़ आलिंगन द्वारा आह्लादित करें या पैरों तले रौंद डालें अथवा अपना दर्शन न देकर मुझे मर्मांतक पीड़ा प्रदान करें या उनकी जैसी भी इच्छा हो, करें—यहाँ तक कि दूसरी प्रियाओं के साथ मेरे सामने ही रमण करें, फिर भी वे ही मेरे प्राणनाथ हैं। उनके अतिरिक्त दूसरा कोई नहीं है।

(श्रीशिक्षाष्टक— गौड़ीय वेदांत प्रकाशन से साभार)

अतएव जाँर मुखे एक कृष्ण नाम।
सेह त वैष्णव, करिह ताँहार सम्मान॥
कृष्णनाम निरन्तर जाँहार वदने।
सेई वैष्णव-श्रेष्ठ, भज ताँहार चरणे॥
जाँहार दर्शने मुखे आइसे कृष्णनाम।
ताँहारे जानहि तुमि 'वैष्णव प्रधान'॥
'क्रम करि' कहे प्रभु 'वैष्णव'-लक्षण।
'वैष्णव', वैष्णवतर आर वैष्णवतम्॥

शुद्ध हरिनामग्रहण करनेवाले वैष्णवजन ही 'श्री चैतन्यचरणानुगत वैष्णव' के रूप में प्रसिद्ध हैं। सांतर नामानुशलीनकारी 'वैष्णव' हैं। निरंतर नामानुशीलनकारी-वैष्णवतर हैं तथा जिनके दर्शन करने मात्र से दूसरों के मुख से शुद्ध हरिनाम उच्चरित हो, वे वैष्णवतम अर्थात् 'सर्वोत्तम' हैं।

ऐश्वर्य-ज्ञाने सब जगत् मिश्रित।
ऐश्वर्य-शिथिल प्रेमे नाहि मोर प्रीत॥
आभारे ईश्वर माने आपनाके हीन।
तार प्रेमे वश आमि ना हइ अधीन॥
आभाके त जे जे भक्ति भजे जेइ भावे।
तारे से से भावे भजि ए मोर स्वभावे॥
मोर पुत्र मोर सखा मोर प्राण-पति।
सह भावे जेइ मोरे करे शुद्धि भक्ति।

आपनाके बड़ माने, आमारे समहीन।
सेई भावे हइ आमि ताहार अधीन॥
माता मोरे पुत्र भावे करे न बंधन।
अति हीन ज्ञाने केर लालन-पालन॥
सखा शुद्ध-सरले करे स्कंधे आरोहण।
तुमि कौन बड़ लोक तुमि आमि सम॥
प्रिया यदि मान करि करये भत्सर्न।
वेद स्तुति हैते हेरे सेइ मोर मन॥
एइ सुद्धा भक्ति लज्जा करिमु अवतार
करिब विविधविध अद्‌भुत विहार॥

(श्रीचैतन्यचरितामृत)

आराध्यो भगवान् ब्रजेशतनयस्तद्धाम वृन्दावनं,
रम्या काचिदुपासना ब्रजवधूवर्गेण या कल्पिता।
श्रीमद्‌भागवतं प्रमाणममलं प्रेमा पुमर्थो महान्,
श्री चैतन्यमहाप्रभोर्मतमिदं तत्रादरी नः परः॥

भगवान् ब्रजेंद्रनंदन श्रीकृष्ण व वैसा ही वैभवयुक्त श्रीधाम वृंदावन भी आराध्य वस्तु है। ब्रजवधुओं ने जिस भाव से श्रीकृष्ण की उपासना की थी, वह उपासना ही सर्वोत्कृष्ट है। श्रीमद्‌भागवत ग्रंथ ही निर्मल शब्द प्रमाण एवं प्रेम ही परम पुरुषार्थ है—यही श्री चैतन्य महाप्रभु का मत है। यह सिद्धांत ही हम लोगों के लिए परम आदरणीय है, अन्य मत आदरयोग्य नहीं हैं।

(श्रील चक्रवर्ती ठाकुर)

□

संदर्भ-सूची

1. श्री श्री चैतन्य भागवत, श्रीमद् वृंदावनदास ठाकुर
2. श्री चैतन्य महाप्रभु, स्वामी सारदेशानंद
3. गौरप्रिया, सुमति क्षेत्रमाडे
4. श्री शिक्षाष्टक, गौड़ीय वेदांत प्रकाशन
5. श्री चैतन्य महाप्रभु की शिक्षा, श्रील भक्ति विनोद ठाकुर
6. चैतन्य, दिलीप कुमार मुखर्जी
7. चैतन्य महाप्रभु, अमृतलाल नागर
8. चैतन्य मूवमेंट, मेलविल टी. केनेडी
9. चैतन्य एंड हिज एज, 1922, दिनेशचंद्र सेन
10. गौड़ीय वैष्णव इतिहास, मधुसूदन वाचस्पति (बांग्ला)
11. चैतन्य चरितामृत, कृष्णदास कविराज (बांग्ला)
12. अर्ली हिस्ट्री ऑफ द वैष्णव, एस.के. डे
    फेथ एंड मूवमेंट इन बंगाल, 1942।

□□□